btb

Buch

»OV Diversant« war der Deckname, unter dem die Stasi Stefan Heym in ihren Akten führte. Zum Zeitpunkt der Biermann-Ausbürgerung spitzte sich die innere Situation der DDR dramatisch zu. Stefan Heym schrieb in diesen Monaten einen Text, in dem er Politisches und Persönliches gleichermaßen festhielt. Aber auch die Stasi führte genau Protokoll über alle Bewegungen, Kontakte, Zusammenkünfte Stefan Heyms. Beides ist in diesem Buch wiedergegeben. Es zeigt beklemmend die Mechanismen von Bespitzelung, Psychoterror und Einschüchterung, ist aber zugleich ein eindrucksvolles Beispiel für den Widerstand von DDR-Intellektuellen – lange vor der Wende. Ein brisantes politisches Lehrstück und ein Beispiel für Mut und Zivilcourage unter den Bedingungen der Diktatur.

Autor

Stefan Heym, geboren 1913, stammt aus Chemnitz. Als Romancier und streitbarer Publizist wurde er international bekannt und ist einer der erfolgreichsten Autoren der deutschen Gegenwartsliteratur. Zuletzt erschien »Radek« (1995) – ein Roman über die gescheiterte Hoffnung eines Revolutionärs.

Stefan Heym

Der Winter unsers Mißvergnügens

Aus den Aufzeichnungen
des OV Diversant

btb

Originalausgabe

Umwelthinweis:
Alle bedruckten Materialien dieses Taschenbuches
sind chlorfrei und umweltschonend.

btb Taschenbücher erscheinen im Goldmann Verlag,
einem Unternehmen der Verlagsgruppe Bertelsmann.

4. Auflage
Copyright © 1996 by Stefan Heym
Alle Rechte der deutschsprachigen Ausgabe 1996
by Wilhelm Goldmann Verlag, München
Umschlaggestaltung: Design Team München
Umschlagmotiv: Mauritius/Ligges
Satz: Uhl + Massopust, Aalen
Lektorat: Karl Heinz Bittel
Herstellung: Ludwig Weidenbeck
Made in Germany
ISBN 3-442-72057-5

Ohne die Loyalität und Hilfe meiner Frau Inge zu jener Zeit, und ohne ihren Rat, ihre Kritik und ihre Mitarbeit heute wäre dieses Buch wohl kaum zustande gekommen. Ihr gilt mein ganzer Dank.

Stefan Heym

EINLEITUNG

Die Republik in der Mitte Europas, die einst DDR hieß, ist im Begriff, zu einer Art Atlantis zu werden, einem Mythos, um den Gegner wie Freunde des verschwundenen Landes sich mühen, ob sie nun Kenner der Materie sind oder nicht, auf eine objektive Darstellung bedacht oder eher von Vorurteilen besessen.

Die Beschäftigung mit der Geschichte der DDR ist jedoch von mehr als akademischem Interesse; ihre Einflüsse reichen bis in die Gegenwart der nunmehr vereinten, aber immer noch von ihrer jeweiligen Vergangenheit geprägten Ost- und Westdeutschen; die Zeugnisse dieser Vergangenheit mögen den Heutigen helfen, die Zeit damals besser zu verstehen, aber auch die Courage zu erkennen, mit der einzelne DDR-Bürger es unternahmen, öffentlich zu vertreten, was sie für gut und richtig hielten.

Mein Ausscheiden aus dem Deutschen Bundestag hieß auch, daß ich die Gastrolle aufgeben mußte, die man mir in dessen Enquêtekommission zur Untersuchung der Geschichte der DDR angetragen. Vielleicht kann »Der Winter unsers Mißvergnügens«, neben andern Zwecken, auch als nachträglicher Beitrag zur Arbeit dieser Kommission dienen.

*

Nach der Biermann-Affäre im November 1976 setzte ein Exodus von DDR-Künstlern ein. Ich hatte Verständnis für sie, obwohl ich es für richtiger hielt, wenn irgend möglich im Lande zu bleiben und zu versuchen, ein jeder auf seine Weise, die Zustände zu verändern.

Unter denen, die da gingen, war einer der Prominentesten der Schauspieler Manfred Krug, selber Mitunterzeichner der Petition gegen die Ausbürgerung Biermanns. Auf ihn war ich seit seiner Übersiedlung ins westdeutsche Exil schlecht zu sprechen, weil er sein Tagebuch über Interna der Vorgänge dem Genossen Werner Lamberz, Mitglied des Politbüros, hatte zukommen lassen. Für mich bedeutete die Auslieferung an offizielle Stellen, von Informationen, wie sie in solchen Aufzeichnungen enthalten sein mußten, Verrat an Freunden und Gleichgesinnten, mit entsprechenden Folgen für diese.

Ich selber hatte an einem Projekt ganz ähnlicher Natur gearbeitet: einer täglichen Niederschrift meiner Gedanken, Erlebnisse und Begegnungen in den anderthalb Monaten zwischen der Biermann-Ausweisung und Weihnachten 1976 –, nur daß ich mein Manuskript, da ich es für zu riskant hielt, um es alsbald zu veröffentlichen, an vermeintlich sicherer Stelle aufbewahrte.

Narr ich, der ich nicht ahnte, daß IM Frieda, kaum daß ein paar Seiten aus meiner Maschine in den Papierkorb flogen, diese oder entsprechende Schnipsel in die konspirative Wohnung »Kurt« zu Oberleutnant Scholz von der Hauptabteilung XX des Ministeriums für Staatssicherheit trug; wenig später dann beschafften sich die Genossen mit Hilfe eines Nachschlüssels, für dessen Herstellung unsre Frieda den Wachsabdruck geliefert hatte, das ganze Skript und kopierten es; mit dieser Kopie arbeiten meine Frau und ich jetzt.

Krug, das gestehe ich ihm zu, hatte nur bewußt und aus gutem persönlichen Grunde der Behörde abgeliefert, was mir dank meiner Sorglosigkeit wegeskamotiert worden war; und heute, etwa zwanzig Jahre nach dem Geschehen, geben wir nun beide unsre Manuskripte in Druck.

*

Und nun zu IM Frieda.

Sie hieß tatsächlich Frieda; die Stasi bemühte sich gar nicht erst, nach einem phantasievollen IM-Pseudonym für die neue Haushaltshilfe bei Heyms zu suchen. In den Akten findet sich, säuberlich aufgeklebt, als erstes die Kleinanzeige aus der Berliner Zeitung, auf die hin sie sich im Hause Heym vorstellte; nur Tage später begann man im Ministerium, sich für ihre Person zu interessieren; und nachdem sie die annoncierte Stelle tatsächlich antrat, wurde beschlossen, die Frau anzuwerben.

Die Leutnants Tischendorf und Scholz, die sich bei ihr als harmlose Volkspolizisten auf der Suche nach Kleinkriminellen in Köpenick einführten, verstanden einiges von Psychologie: sie spielten auf unsrer Frieda proletarischen Instinkten.

Am 27. April 1971 berichteten sie:

Bei den Aussprachen wurde das Gespräch so gelenkt, daß der Kandidatin klar aufgezeigt werden konnte, wie in unserem Staat alles mit den Arbeitern und alles für die Arbeiter getan wird. Der Kandidatin wurde auch dargelegt, daß es bei uns immer noch Schmarotzer gibt, die sich auf Grund ihrer Persönlichkeit einbilden, etwas Besonderes zu sein und Sonderrechte haben zu müssen. Hierbei wurde indirekt auf Erscheinungen bei einzelnen Kulturschaffenden hingewiesen, die versuchen, auf Kosten besonders der Arbeiterklasse zu leben, ohne selber an der Gestaltung unserer sozialistischen Gesellschaft teilzunehmen. Im Verlaufe der Gespräche kam die Kandidatin von sich aus auf Heym zu sprechen und brachte zum Ausdruck, daß dieser ihrer Meinung nach einer von der beschriebenen Kategorie von Kulturschaffenden sei. Daraufhin wurde die Kandidatin immer mehr zur Bearbeitung des Heym herangezogen...

Sie gab eine Selbstverpflichtung ab, handschriftlich, lernte ein paar geheimdienstliche Tricks und erhielt vom Ministerium ein Monatsgeld in Höhe von 100 Mark, plus Prämien und kleinen persönlichen Geschenken.

Ihr Aufgabenbereich wurde folgendermaßen umrissen:

Durch gute Arbeit und unauffälliges Verhalten das Vertrauen des Heym und seiner Lebensgefährtin Inge Wüste voll gewinnen und das sich anbahnende Vertrauensverhältnis weiter ausbauen.

Feststellung politischer Auffassungen und Meinungen aller im Hause des Heym befindlichen Personen.

Feststellungen des Verbindungskreises des Heym, von Besuchen und Feierlichkeiten sowie Einschätzung der Charaktere derselben.

Feststellung der eingehenden operativ interessanten Postsendungen, Literatur, ausländische Zeitungen, Zeitschriften usw. Ermittlung von literarischen Arbeiten, die Heym vorbereitet. Insbesondere solche Arbeiten, die er in Westberlin, Westdeutschland oder dem kap. Ausland veröffentlichen will.

Beschaffung von Hinweisen über Verbindungen, Kontakte und andere operativ interessante Momente durch konspirative Durchsuchung des Schreibtisches, des Papierkorbs, der Bücherablage u. a. in der Wohnung des Heym.

Schaffung von Voraussetzungen zur Einleitung andrer politisch-operativer Maßnahmen, die der Aufdeckung und Dokumentierung schädlicher und strafrechtlich relevanter Handlungen des Heym dienen.

Frieda bewährte sich offenbar zur vollen Zufriedenheit ihrer Führungsoffiziere, denn am 26. Juni 1974 bestätigte Oberstleutnant Müller einen kühnen Vorschlag von Leutnant Scholz.

Im Kampfprogramm der Abteilung zum 25. Jahrestag der DDR ist die Verpflichtung enthalten, in der Bearbeitung des OV »Diversant« weitere schriftliche Aufzeichnungen und Dokumente des Schriftstellers Stefan Heym konspirativ zu beschaffen und zu dokumentieren. Zur Realisierung dieser Verpflichtung wird vorgeschlagen, durch den IMV »Frieda« während des Urlaubs des Heym, den dieser mit seiner Familie ab 8. Juli 1974 in Frankreich verbringt, die Tagebuchaufzeichnungen des Heym konspirativ beschaffen zu lassen und diese fototechnisch zu dokumentieren.

Bei der Auftragserteilung wird der IMV besonders auf die bei der Realisierung des Auftrags notwendigen Vorsichtsmaßnahmen hingewiesen. Die Organisierung erfolgt so, daß die Unterlagen nur für kurze Zeit aus dem Hause des Heym entfernt werden und der IMV sie noch am gleichen Tag wieder am Aufbewahrungsort ablegt.

Die fototechnische Dokumentierung erfolgt in der Bildstelle des MfS, um jedes technische Risiko auszuschließen. Mit der Bildstelle wird vorher der genaue Termin vereinbart. Der IMV wird beauftragt, nach der Rückkehr des Heym aus dem Urlaub zu kontrollieren, ob Heym etwas von der kurzzeitigen Entfernung der Unterlagen bemerkt hat oder anderweitig Verdacht schöpfte.

Um Bestätigung dieses Vorschlags wird gebeten.

Scholz, Leutnant

Nein, ich habe nichts bemerkt und auch anderweitig keinen Verdacht geschöpft. Die Anerkennung der Arbeit von IM Frieda folgte auf dem Fuße.

Berlin, 7. Oktober 1974

Auszug aus dem
Befehl Nr. K. 3283/74

Für besondere Leistungen, verantwortungsbewußte Tätigkeit, Initiative und hohe persönliche Einsatzbereitschaft bei der Erfüllung übertragener Aufgaben zur Stärkung und Sicherung unserer Arbeiter-und-Bauernmacht

zeichne ich

anläßlich des 25. Jahrestages der Gründung der Deutschen Demokratischen Republik aus:

Frieda Schmitz

mit der

Verdienstmedaille der NVA in Bronze.

Die Medaille, Urkunde und 250.– M wurden dem IMV »Frieda« am 2. 10. 1974 durch Ltn. Scholz überreicht.

gez. Mielke
Generaloberst

Friedas wahrhaft große Zeit, mit den großen Geschenken, kam jedoch später erst, 1976, mit der Vertreibung des Wolf Biermann aus der Deutschen Demokratischen Republik.

Mit der Begründung, *Durch den IM konnten in der operativen Bearbeitung des Operativ-Vorgangs »Diversant« eine Reihe operativ bedeutsamer Hinweise zur bearbeiteten Per-*

son und eine Vielzahl operativ wertvoller Informationen erarbeitet sowie wichtige Unterlagen konspirativ gesichert und dokumentiert werden, schlug ihr nun zum Oberleutnant beförderter Führungsoffizier Scholz am 28. 2. 1977 vor,

Vorschlag

Den IMV »Frieda«,

46 Jahre, parteilos

anläßlich des Internationalen Frauentags 1977 mit einem Sachgeschenk in Form eines Fernsehgerätes im Wert von

2000,– Mark (zweitausend)

auszuzeichnen.

Gez. Scholz
Oberleutnant

Gegengez. *Leiter der Operativ-Gruppe*
Müller, Oberstleutnant

*

In der Normannenstraße in Berlin-Lichtenberg, über den weiten, gepflasterten Hof hinweg und die Treppen hinauf, gelangten wir in die schmutzfarbenen Korridore, durch welche die mit uns befaßten Kameraden von der unsichtbaren Front schon gewandelt, und saßen in den schmutzfarbenen Räumen, in denen auch sie gehockt, und ihre Aktenstöße häuften sich vor uns. Ich hieß OV Diversant, erfuhr ich – OV ist Operativer Vorgang –, meine Frau OPK Film – OPK gleich Operative Personenkontrolle. Und da lag tatsächlich auf dem zerkratzten Pult das Manuskript, dem die Stasi den Arbeitstitel *16. November 1976* gegeben, und welches ich dann *Der Winter unsers Mißvergnügens* nannte, nach Shakespeare, Richard III, Act One, Scene One. Daneben fanden sich weitere Akten, eine ganze Kollektion von Feststellungen und Vermutungen über den Schriftsteller Heym und dessen Familie, beginnend in den frühen Fünfzigern und endend mit dem Kollaps der Republik; nur nach 1980 fehlten Teile: in den letzten Monaten des alten Staates hatte mir einer, der es wissen mußte, noch gesagt, »Sie werden sowieso nur lesen, was Sie lesen sollen.«

Aber selbst diese Auswahl genügte, um einen das Gruseln zu lehren. Wir hatten gelebt wie unter Glas, aufgespießten Käfern gleich, und jedes Zappeln der Beinchen war mit Interesse bemerkt und ausführlich kommentiert worden.

Und doch – in jenem Winter unsers Mißvergnügens war etwas Neues entstanden. Ein Bruch hatte sich gezeigt in dem scheinbar so fest gefügten System, ein Bruch, der nicht mehr verdeckt werden konnte, ein innerer Widerstand, kollektiv dazu noch, der nicht mehr zu verschweigen war. Zurückblickend möchte ich sagen, daß hier ein Menetekel erschienen war, ankündigend das Ende des real existierenden Sozialismus – nicht ohne Grund hatte man ihn so präzisiert –, das Ende dieser mißratenen Revolution, dieser Republik ohne eigne Legitimierung.

Von den Akteuren selber erkannte das seinerzeit kaum einer; erst heute wird klar, was da ausgegangen war von dem kleinen Kreis einiger Schriftsteller: ein Funke war übergesprungen zu Menschen im ganzen Land, die plötzlich darauf bestanden, sich zu Wort zu melden – eine Art Wende, die Keim und Vorgängerin war jener späteren, großen. Darum auch, denke ich, soll dieses Buch jetzt an sein Publikum kommen, denn das Publikum von heute gehört großenteils schon einer Generation an, welche jene Zeit nicht mehr bewußt miterlebt hat – deren gutes Recht es jedoch ist, Näheres über eine der folgenreichsten Episoden in der Ge-

14

schichte der DDR zu erfahren. Gewiß, es gibt auch Dokumentarbände dazu. Aber den Dokumenten, so klug zusammengestellt sie auch sein mögen, fehlt die Atmosphäre, der Atem.

Ich hoffe, der Leser wird, im nachhinein, noch einen Hauch davon verspüren.

DIENSTAG, 16. NOVEMBER 1976

[1] Zweiter Städtischer Friedhof Berlin-Pankow, Begräb-
niskapelle, Inneres. Wasserflecke an den Wänden, abbrök-
kelnde Farbe. Vorn Mitte eine hölzerne Säule, etwa einen
Meter hoch, darauf die Urne; auf der Urne ein Gebinde von
Nelken. Weiter vorn kleine Schar von Trauergästen, meist
ältere Leute; ein jüngerer Mann in Nylonkutte, er ist der
Vertreter der Gewerkschaft des Betriebs, in dem der Verstorbene einst gearbeitet hat.

Hinter der Säule der Pfarrer; gelegentlich aus seiner Bibel
zitierend, er hat das schon Hunderte Male gesagt, predigt er
von der Vergänglichkeit des Menschen, alles in Gottes Hand,
von der Hölle, von Auferstehung und himmlischem Trost,
auch vom Sohne Gottes, der gekommen ist, die Sünden der
Menschen auf sich zu nehmen. Mir ist, als blicke er mich
dabei strafend an, vielleicht wegen meines Buchs über den
König David, aus dessen Haus auch der Jesus von Nazareth
gestammt haben soll, vielleicht überhaupt. Kaum ein Wort
über den Toten, dessen sicher sündiges Leben und langes
Leiden, acht Jahre Prostatakrebs.

[2] Ratskeller im Rathaus Pankow, Totenschmaus. Mir gegenüber die alte Frau, die Augen verweint. Hat sie ihn geliebt,
hat sie ihn nicht geliebt, es waren viele Jahre ihres Lebens.

17

Das Licht geht aus, anscheinend ist irgendwo ein Defekt in der Leitung – im Rathaus? In ganz Pankow? In ganz Berlin? Die Kellnerin bringt Kerzen. Man ißt weiter, den Nachtisch.

Inge, die neben der alten Frau sitzt, blickt mich an. Eigentlich wollte ich diesem Essen fernbleiben, ich bin dem Tod oft genug begegnet, aber Familie ist schließlich Familie, der Verstorbene war Inges Vater, sie hat die ganzen letzten Wochen mitleidend durchgemacht, so auch dieses noch, aber nun will ich nach Hause, während sie bei der Mutter bleiben wird.

Ich treibe zum Aufbruch. Mein Sohn kommt mit mir.

[3] Die Lichter in Pankow sind ausgegangen. Im Tor des Ratskellers weist der Geschäftsführer ankommende Gäste ab. Die Läden sind geschlossen. Die S-Bahn funktioniert aber.

Inneres des S-Bahn-Waggons. Mein Sohn sitzt neben mir, er ist einen Kopf größer als ich, trägt graue Kutte, das Haar lang. Wir schweigen. Er neigt nicht dazu, seinen Emotionen Ausdruck zu geben, wie denn diese ganze junge Generation ihren Überschwang nur in der Musik zeigt und in ihrer Haltung zur Musik, sonst aber sich distanziert verhält, Eltern, Erzieher und Behörden frustrierend.

Ich versuche zu lesen, stecke die Zeitung wieder in die Manteltasche, blicke aus dem Fenster. Trübes Wetter, die Berliner Industrielandschaft. Ich möchte noch etwas arbeiten zu Hause, viel wird es nicht werden, für den Spätnachmittag hat sich Herr Henniger angesagt, der Sekretär des Schriftstellerverbandes; er möchte, sagt er, mit mir wegen meiner für Freitag angesetzten Lesung in Westberlin sprechen.

Ich denke nach: es wird wohl um den Ausschluß des Reiner Kunze aus dem Verband gehen, Henniger wird wissen wollen, was ich zu sagen plane, wenn ich in Westberlin deswegen befragt werde; davon wird das Visum abhängen. Unverständlich ist mir nur: einerseits Ausschluß Kunzes aus dem Verband wegen seiner »Wunderbaren Jahre«, andererseits darf Biermann nach dem Westen reisen und dort auftreten, ist in der Tat schon abgereist. Seit September, seit meiner Talk-Show in Köln, haben wir einander nicht gesehen, auch vorher selten genug; wie ich erfahren habe, hat er sich abfällig über mein Auftreten dort geäußert.

Nach der Talk-Show war ich bei Böll gewesen.

[4] Oktober 1976

Stube in einem Bauernhaus in der Eifel, bescheiden möbliert. Am Tisch Heinrich Böll, seine Frau, ich. Wir reden über die Gegend, die ich kenne, vom Krieg her, Monschau, Aachen, hier war die Schlacht im Hürtgen-Wald, Böll erzählt, daß die Bauern jetzt noch auf den Feldern Schrapnelle finden, Helme, Knochen, was so bleibt von einer Schlacht.

Dann schiebt Böll mir das Kunze-Buch zu, über das er gerade für die Hamburger »Zeit« eine Besprechung geschrieben hat. Ich kenne von dem Buch nur ein paar Auszüge; heute morgen in der Zeitung las ich sie.

Da kommt etwas auf euch zu, meint Böll. Ich widerspreche. Die maßgebenden Genossen, sage ich, haben hinzugelernt in der Zeit seit dem 11. Plenum, das ist nun auch schon elf Jahre her, doch hat man oft das Gefühl, als wäre es erst gestern gewesen, so einschneidend war das Erlebnis. Die Angriffe auf Havemann, Biermann und mich auf dem Plenum und die stupide Kampagne, die darauf folgte, haben Biermann nur populär werden lassen; er hat das sogar in einem Lied ironisch bedichtet. Jetzt reden sie nicht mehr über Biermann, obwohl der sie sicher auch heute noch ärgert; also werden sie auch still sein über Kunze, und in vier Wochen spätestens wird niemand mehr von seinem Buch sprechen.

Täuschen Sie sich nur nicht, sagt Böll.

Wir leben jetzt in einer anderen Zeit, sage ich.

[5]   Es ist still im Haus. Inge ist, nach dem Totenschmaus, noch bei ihrer Mutter, der Junge ist irgendwo hingegangen. Endlich komme ich zur Arbeit, ich kann mich konzentrieren, ich sitze an einem psychologisch schwierigen Kapitel des »Collin«, ich schreibe es schon zum dritten Mal, diesmal scheint es zu werden, eine Seite Text habe ich schon. Aber was wird, wenn ich das ganze Buch fertig habe? Mit dieser Thematik wird es hier nie erscheinen.

Das Telephon. Die Verständigung ist schlecht, das Gespräch kommt aus Westberlin, vom Büro der New York Times. Ellen Lentz sagt, wissen Sie schon, daß Wolf Biermann ausgebürgert worden ist und nicht zurückdarf in die DDR? Ich sage, unmöglich, das gibt es doch gar nicht, Biermann hat ein gültiges Visum, Aus- und Wiedereinreise, sonst wäre er doch gar nicht gefahren. Woher haben Sie das?

Von ADN, eben über den Ticker gekommen. Sie liest vor:

[6]   Dokument

Die zuständigen Behörden der DDR haben Wolf Biermann, der 1953 aus Hamburg in die DDR übersiedelte, das Recht auf weiteren Aufenthalt in der Deutschen Demokratischen Republik entzogen.

Diese Entscheidung wurde auf Grund des »Gesetzes über die Staatsbürgerschaft der Deutschen Demokratischen Republik – Staatsbürgerschaftsgesetz – vom 20. Februar 1967«, Paragraph 13, nach dem Bürgern wegen grober Verletzung der staatsbürgerlichen Pflichten die Staatsbürgerschaft der DDR aberkannt werden kann, gefaßt.

Biermann befindet sich gegenwärtig in der Bundesrepublik Deutschland. Mit seinem feindseligen Auftreten gegenüber

der Deutschen Demokratischen Republik hat er sich selbst
den Boden für die weitere Gewährung der Staatsbürgerschaft der DDR entzogen. Sein persönliches Eigentum wird
ihm – soweit es sich in der DDR befindet – zugestellt.

[7]   Danke, sage ich, das genügt.
Was meinen Sie denn nun dazu, fragt Ellen Lentz.
No comment, sage ich, ich muß das erst mal verdauen.

Ich lege meine Papiere zur Seite, schließe die Schreibmaschine, froh, daß ich etwas Mechanisches tun kann. Die
Sache erscheint mir immer noch nicht glaubhaft – aber der
Ton und die Sprache sind unverkennbar: die Meldung ist
echt.

Die diese Entscheidung getroffen haben, wissen sie denn
nicht, welchen Sturm sie ernten werden – und nicht nur
außerhalb der Grenzen der Republik? Jeder Schriftsteller
hier, der das Salz auf seinem Stück Brot wert ist, wird sich
auflehnen gegen diesen Beschluß, denn er muß sich selbst
getroffen fühlen: heute Biermann, morgen er. Jede wirkliche
Kritik würde verstummen müssen, jede realistische Darstellung unseres Lebens gestrichen werden aus Büchern und
Stücken, das Ausbürgern würde sich einbürgern, wenn jetzt
nicht gesprochen wird.

Sind diese Leute so töricht, so blind? Oder haben sie
Angst? Angst wovor? Angst vor dem kleinen Biermann mit
seiner Gitarre? Nun erst wird er doch groß werden, nun erst
werden auch die in unsrer Republik, die ihn noch nicht
kannten, von ihm hören, ihn am Fernsehschirm sehen, und
Biermann mit seinem Talent, den Finger auf das Schlimme zu
legen, wird unwiderlegbar werden.

Ich rufe bei Hermlin an. Er weiß noch nicht, ist schockiert.
Hermlin ist kein Freund Biermanns, das ist mir bekannt;

21

Biermann hat freche Verse über ihn und freche Briefe an ihn geschrieben, obwohl Hermlin den Dichter Biermann mit aus der Taufe gehoben und ihn auch später oft verteidigt hat; Hermlin ist ein Homme des Lettres, für ihn ist wichtig: die Begabung.

Ich sage, vielleicht sollten wir uns über die Sache unterhalten. Er schlägt vor, Samstagnachmittag, zum Kaffee. Heute ist Dienstag – das wäre in vier Tagen.

Meinetwegen, sage ich.

Wieder das Telephon, irgendein Mensch vom Westdeutschen Rundfunk, sagt er. Ob ich über Biermann wisse.

Ich gestehe, daß ich weiß und sehr überrascht bin.

Weiter hätte ich nichts dazu zu sagen?

Nein, sage ich, und ich gäbe prinzipiell keine Telephon-Interviews.

Er hängt auf. Da kann ja jeder kommen und sagen, er sei vom Westdeutschen Rundfunk. Ich habe monatelang anonyme Anrufe bekommen, offensichtlich provokatorischer Natur, einmal wurde ich zur Staatssicherheit bestellt, ein andermal gab der Anrufer sich als Mitarbeiter des Staatsrats aus und wollte mir eine geheime Telephonnummer verschaffen; der phantasievollste Anruf kam angeblich aus Stuttgart, von den Mercedes-Werken, die Regierung der DDR habe mehrere Mercedes-Wagen zu Geschenkzwecken bestellt, einer davon sei für mich bestimmt, welche Farbe ich denn haben möchte und welchen Typ. Ich bestellte einen kanariengelben. Irgendwelche Aufregungen gibt es in diesem Lande immer.

Jetzt klingelt es an der Haustür. Es wird wohl der Herr Henniger sein, verspätet zwar, aber doch.

[8]   Wohnzimmer. Auf dem dunkelroten Zweisitzer, gebaut für Damenhintern aus der Zeit der Queen Victoria, der Sekretär des Schriftstellerverbandes, ein mittelgroßer Mann mit wenig markanten Gesichtszügen; er ist sichtlich verlegen.

Worum es denn gehe, verlange ich zu wissen, was mir denn die Ehre seines Besuchs verschaffe.

Ja, meine Reise nach West-Berlin.

Reise ist gut, sage ich, das ist eine Viertelstunde Fahrt nach Kreuzberg.

Na ja, sagt er, und zieht aus der Aktentasche die Photokopie eines Plakats, das die Lesungsreihe der Berliner Handpresse im Künstlerhaus Bethanien ankündigt. Als erster lesender Dichter war angekündigt Reiner Kunze, der ist durchgestrichen, als nächster komme ich, an diesem Freitag, zwei Wochen später Günter Kunert; weitere Autorenlesungen, Namen kleingedruckt, sind geplant. Ob ich denn wisse, daß es sich um eine Serie handle.

Ich versuche, ihm etwas über die Veranstalter zu erklären, die Berliner Handpresse, zwei Graphiker, sie drucken, mit der Hand, dreihundert Exemplare, jede Zeile handgesetzt, jede Illustration drei- oder viermal durch die Maschine gezogen, dann die Bücher handnumeriert, handsigniert von Graphikern und Autoren; in anderen Worten, zwei Idealisten, die keineswegs politische Absichten hatten, als sie Reiner Kunze an die Spitze ihrer Lesungsreihe setzten.

Aber Jurek Becker, sagt er, stünde auch auf dem Plakat, allerdings nur kleingedruckt, und Jurek Becker wisse von nichts. Und im übrigen, was werde ich sagen, wenn bei meiner Lesung die Rede auf Kunze kommt?

Meine Meinung, sage ich, die ich ja auch sehr klar in meinem Brief an das Präsidium des Verbandes zum Ausdruck gebracht habe.

Er tut erstaunt, vielleicht ist er wirklich erstaunt. Er kenne keinen solchen Brief von mir. Ich sage, der Brief ist vor einer Woche, per Einschreiben, an das Präsidium geschickt worden, länger als 48 Stunden könne er kaum gelaufen sein.

Und was steht in dem Brief?

Ich zitiere kurz, aus dem Gedächtnis.

[9]   Dokument

An das Präsidium des
Schriftstellerverbandes der DDR
Friedrichstr. 169
108 Berlin

8. November 1976

Werte Kollegen,

Das »Neue Deutschland« hat bestätigt, daß Reiner Kunze mit Billigung des Präsidiums aus dem Schriftstellerverband der DDR ausgeschlossen worden ist.

Aufgabe unseres Verbandes ist es, seine Mitglieder zu schützen und ihre Interessen zu vertreten, nicht aber, Schriftsteller zu bestrafen oder gar aus den Reihen des Verbandes auszustoßen, wenn sie ein kritisches Buch schreiben.

Ich protestiere daher gegen den Beschluß des Präsidiums und distanziere mich davon.

Stefan Heym

[10]   Henniger protestiert seinerseits: Kunze sei nicht wegen seines Buchs aus dem Verband ausgeschlossen worden, sondern weil er gegen das Statut verstoßen habe.

Hat er das, frage ich und wundere mich laut, wieso der Ausschluß dann erst nach der Veröffentlichung seines Buchs erfolgt sei. Doch gebe ich Henniger zu verstehen, mir liege nichts an einer Kontroverse: ich würde tunlichst vermeiden,

24

die Angelegenheit Kunze in Westberlin aufs Tapet zu bringen; allerdings könnte ich Fragen nicht ausweichen, die man mir bei der Lesung eventuell stellen würde – schon deshalb nicht, weil Kunze vor mir an der Reihe gewesen sei.

Kunze habe gar keinen Antrag auf Ausreise nach West-Berlin gestellt, versichert Henniger.

Ich nähme das zur Kenntnis, sage ich, und würde das den Leuten, die sich dieserhalb erkundigten, auch mitteilen.

Verlegenheitspause.

[11]   Dialog

Henniger: Als ich jetzt im Auto herausfuhr, kam gerade die Nachricht, daß Biermann die Staatsbürgerschaft entzogen worden ist.

Heym: Ach nein. Das ist ja eine Überraschung.

Henniger: Das wurde begründet – Verletzung seiner staatsbürgerlichen Treue. Und ich nehme an, das habe ich nun nicht am Radio gehört, aber ich habe gelesen, die Kölner Veranstaltung, siebentausend Menschen, ich habe es nicht gesehen, aber was ich der Westpresse entnehme, daß er da wieder, schon was die Proportionen betrifft, in der Hauptstoßrichtung gegen die DDR gegangen ist.

Heym: Ich habe nur ein Lied gehört, am Fernsehen, das Lied vom abgehackten Fuß, und das richtet sich nicht gegen die DDR. Aber was halten Sie denn nun davon?

Henniger: Das, was ich – also ich habe nichts bei der Hand, aber was ich gelesen habe – und auch gehört – also ich...

Heym: Ist es denn üblich, daß Schriftsteller bei uns ausgebürgert werden? Das ist doch ein Brauch, der in eine Zeit zurückreicht, wo – in die Nazizeit also.

Henniger: Das handelt sich doch nicht speziell um Schriftsteller oder Nicht-Schriftsteller. Soweit ich weiß, geht es, sagen wir mal um die Loyalität des Bürgers gegenüber dem Staat, statt sich einzureihen in eine Kampagne, die gegen uns im Gange ist.

Heym: Nein, das hätte ich nicht erwartet, diesen Schritt. Das sieht nämlich so aus, als ob man Biermann herausgeschickt hätte, um ihn durch diese Regelung bequem loszuwerden.

Henniger: Das würde ich nun nicht sagen. Das ist ja nach seinem Auftreten geschehen.

Heym: Der Beschluß sollte so rasch gefaßt worden sein? Biermann tritt einmal auf, und da ist der Beschluß? Das kann ich mir doch gar nicht denken.

Henniger: Was da drüben im einzelnen geschehen ist, was in den Kommentaren zu lesen war, ist doch – nun, recht böse. Weil da immer verallgemeinernde Äußerungen kamen gegen – gegen . . .

Heym: Ich weiß aber aus einem Bericht von Herrn Zehm in der »Welt«, daß die da drüben sehr unzufrieden waren mit dem Auftreten Biermanns. Zehm hat sich sogar beschwert, daß Biermann so sehr für die DDR eingetreten sei. Biermann hat sich ja sogar von Kunze distanziert, hat gesagt, der Ausschluß ist falsch, aber Kunze ist kein Sozialist, während er, Biermann, einer sei.

Henniger: Das habe ich auch gelesen. Aber Biermann hat sich doch in hohem Maße gegen Kunzes Ausschluß gewandt . . . (Henniger öffnet seine Aktentasche und zieht ein Bündel Zeitungsausschnitte heraus. Liest vor) »alle Schriftsteller der DDR seien empört über den Ausschluß Kunzes aus dem Schriftstellerverband, sie fühlten sich selbst bedroht. Jurek Becker habe ihn beauftragt, bei jeder Gelegenheit öffentlich mitzuteilen, daß auch er, wie andere, leidenschaftlich dagegen protestiere. Jurek Becker und andere erklärten das auch bei ihren Lesungen in der DDR«. (Henniger wendet sich mir zu) Jurek Becker sagte mir gestern, er habe Biermann vor dessen Abreise zwar seine Meinung gesagt, aber ihn in keiner Weise beauftragt.

Heym: Aber schauen Sie –

Henniger: Das ist auch sicher nicht der eigentliche Grund.

Heym: Aber die Bürger ausschließen aus einem Lande, sie ausbürgern, je nach dem, was eine Westzeitung schreibt...

Henniger: Nein, das sicher nicht, das sicher nicht. Ich habe nur Teile des Programms gesehen, aber...

Heym: Wir werden's ja jetzt zu sehen kriegen –

Henniger: Jetzt –

Heym: Jetzt werden wir wahrscheinlich jede Minute des Biermannschen Auftritts zu sehen bekommen.

Henniger: Ich habe ja nicht die ganze Sendung gesehen...

Heym: Na ja, gut. Dann werden wir ja in Westberlin einige Fragen bekommen.

Henniger: Ja, ja.

Heym: Wenn ich da rübergehe. Das wird lustig werden. Haben wir sonst noch etwas zu bereden? Ich möchte Sie nur bitten, mir den Paß schon am Donnerstag zuzustellen.

Henniger: Ja, ja. Donnerstag läßt sich machen. Donnerstag nachmittag.

Heym: Wir telephonieren noch mal miteinander.

[12]   Allein, an meinem Schreibtisch. Nachdenken über die Sache, über das, was der Mann gesagt hat, was er durchblikken ließ. Ist da überhaupt noch etwas zu retten? Kann die Regierung ihren Schritt korrigieren, ohne ihr Gesicht total zu verlieren? Andererseits kann man diese Ausbürgerung doch nicht schweigend hinnehmen, ich wenigstens nicht. Zu allem haben wir in der Öffentlichkeit geschwiegen, zu allen Dummheiten, Angriffen, Verfälschungen, Verdrehungen, zu den Reden auf dem 11. Plenum, 1965, zum 14. Plenum zehn

Jahre später, zu der Rede von Hager – einen Brief habe ich ihm geschrieben, der nicht einmal beantwortet wurde – und habe zuletzt noch geschwiegen zu der Sache Kunze.

Was hat Böll gesagt? Da kommt etwas auf euch zu.

Es ist auf uns zugekommen und weiß der Teufel, wie es ausgehen wird.

[13] Herbst 1956

Charité, II. Medizinische Klinik, Privatstation des Professor Krautwald in der vierten Etage. Ich liege mit Herzgeschichten, die ich nach Brechts plötzlichem Tod prompt entwickelt habe.

Im Nebenzimmer befindet sich, schwer zuckerkrank, der Genosse Johnny Löhr, alter KP-Funktionär, jetzt spielt er irgendeine Rolle in einer der sogenannten Blockparteien. Löhr, literarisch interessiert, hat mir von einem jungen Dichter erzählt, Biermann heißt er; er, Löhr, sei eine Art Ziehvater des Jungen, der leibliche Vater ist im KZ umgekommen. Wenn der Junge nächstes Mal käme, ihn zu besuchen, werde er ihn zu mir hinüberschicken.

Jetzt also: Biermann. Ein untersetztes Kerlchen, große lebendige Augen. Er ist sehr erregt, ich muß unbedingt sofort etwas unternehmen, aufstehen, hinübergehen zur Volkskammer, die die Studenten der Veterinärmedizin zu stürmen beabsichtigen, warum, ja, weil das mal die Mensa der Veterinärmediziner war, ich, Autor der Kolumne »Offen gesagt« in der Berliner Zeitung, könne vielleicht noch verhindern, ich wisse ja, was in der Welt vor sich gehe, er sieht mich an mit hoffnungsvollem Blick, der Junge sucht eine Vaterfigur, geht mir durch den Kopf, aber was ist das mit den Veterinärmedizinern, ein neuer 17. Juni, diesmal von den Studenten her und wegen ihrer konfiszierten Mensa?

Ich werde etwas unternehmen, sage ich, aber aufstehen

und zu den Studenten gehen könne ich nicht, ich läge im Krankenhaus, das sehe er wohl.

Dann rufe ich bei Erich Wendt an, damals Chefredakteur der großen Lenin-Ausgabe; Wendt war auch ein Opfer Stalins, Jahre in Sibirien, wie er es überlebt hat, weiß ich nicht.

Wendt ruft später zurück: ich könne mich beruhigen, die Sache mit den Veterinärmedizinern sei beigelegt.

Da ist ein Junge, denke ich mir, der sich Sorgen macht um seinen Staat; wenn es doch noch viele mehr gäbe wie ihn.

[14]   Ich versuche mich zu konzentrieren.

Am besten konzentriere ich mich an der Schreibmaschine. Ich lege Kohlepapier zwischen zwei Bogen, spanne ein. Ich beginne zu schreiben, streiche durch, korrigiere. Nur keine langen Seelenergüsse, kurz muß so etwas sein, lange Erklärungen druckt keiner.

[15]   Dokument
Ich protestiere gegen die Ausbürgerung von Wolf Biermann.

Ich tue dies, gerade weil ich ein loyaler Bürger der Deutschen Demokratischen Republik bin und mich in Wort und Tat für den Sozialismus eingesetzt habe schon zu einer Zeit, als es diesen Staat noch gar nicht gab.

Schriftsteller und Dichter aus Verbänden auszuschließen oder gar des Landes zu verweisen, weil sie in ihren Werken Zustände in diesem Land zu kritisieren gewagt haben, ist undemokratisch und eines sozialistischen Staates unwürdig.

Ich hoffe und werde dafür eintreten, daß die Ausbürgerung Wolf Biermanns aus der Deutschen Demokratischen Republik und der Ausschluß Reiner Kunzes aus dem Schriftstellerverband der DDR rückgängig gemacht werden.

Stefan Heym

[16]   Zweifel. Ist das auch richtig so? Und wie es verbreiten? An ADN geben, das ist das beste. Die werden es natürlich unterschlagen, aber sie werden sich denken können, daß ich die Erklärung dann anderswo veröffentliche.

Ich wünschte, Inge käme endlich. Sie hat einen klaren Verstand, Erfahrung, Urteil, gute Ideen.

Das Telephon. Rolf Schneider: ob ich gehört hätte, er möchte mit mir reden, mich besuchen, in einer halben Stunde könne er da sein. Ich lehne höflich ab. Ich kann sein Bedürfnis verstehen, aber jetzt bitte nicht.

Immer noch Warten. Also zum Fernseher. Ich erwische West III – Böll wird interviewt. Dies, sagt er, sei die größte kulturpolitische Dummheit in der Geschichte der DDR gewesen. Böll sieht schlechter aus als vor sechs Wochen in der Eifel, das Gesicht schmaler, die Augen übergroß. Was denn die Reaktion der DDR-Autoren nun wohl sein werde, will der Interviewer wissen; man habe bei Heym und Günter Kunert angerufen, beide hätten geäußert, sie seien überrascht, sonst kein Kommentar.

Böll: Ich hoffe, es bleibt nicht nur bei der Überraschung.

Und dann erwähnt er beiläufig die westdeutschen Verlage, die sich angesichts der Situation ihr Verhalten gegenüber den DDR-Schriftstellern sehr wohl überlegen könnten...

Der sonst so kluge, so bedachte Böll, kann er sich nicht denken, daß er allen Schriftstellern hier, die vielleicht ihre Stimme erheben möchten gegen den Skandal, einen Bärendienst erweist? Sofort wird es heißen: ah, diese korrupten Burschen, sie verteidigen nur ihre Westauflagen. Und das wird nicht etwa öffentlich gesagt werden, denn da ließe es sich widerlegen, sondern insgeheim, in Betriebsversammlungen, als »interne Information«, um die Arbeiter, die hängender Zunge an den Intershop-Läden vorbeigehen müssen, gegen die Intellektuellen aufzubringen.

Endlich: die Haustür, die bekannten Schritte. Begrüßung, du siehst erschöpft aus, wie geht's deiner Mutter, du bist sehr lange geblieben.

Sie blickt mich an. Sie spürt, etwas ist geschehen.

Ob sie nicht Radio gehört habe, frage ich, oder die Nachrichten gesehen.

Sie schüttelt den Kopf. Ist was?

Biermann ist ausgebürgert worden. Er darf nicht zurück ins Land. Jawohl, das ist offiziell. Seine Sachen werden ihm nachgeschickt werden.

Aber er hat doch ein Visum! Das ist unmöglich.

Es dauert einen Moment, bis sie den Fakt akzeptiert. Ich hole ein Glas aus dem Schrank, gieße ihr etwas zu trinken ein.

Dann sagt sie, nein, das ginge nicht, das könne man nicht hinnehmen.

Also ein Protest. Ob sie sich darüber im klaren sei, was das bedeutet, wenn man jetzt protestiert.

Sie nickt.

Ich gebe ihr den Entwurf meiner Erklärung.

Während Inge noch liest, läutet das Telephon.

Eine sehr erregte Stimme: Havemann. Was ich zu tun gedächte.

Das wisse ich noch nicht, sage ich.

Er beginnt, mir Vorschriften zu machen, was zu tun sei, mit wem, nennt Namen.

Ich versuche, ihm klarzumachen, daß sein Telephon abgehört wird, meines wahrscheinlich auch.

Das schade gar nichts, ruft er, das sei auch eine Öffentlichkeit.

Ich sage, ich zöge es vor, mir meine Öffentlichkeit selber auszusuchen, und die Öffentlichkeit meines Telephons sei nicht die, die ich mir wünsche.

Er beginnt zu schreien, meist Unverständliches, das Wort Feigheit glaube ich herauszuhören.

Ich schreie zurück, er möge mich verschonen mit seinen Ratschlägen, er habe schon genug Dummheiten gesagt. Er schweigt endlich. Ich lege den Hörer auf.

[17]   17. Juni 1953
Eine Straßenecke in Berlin, Nähe des Parteihauses. Ein Zug demonstrierender Bauarbeiter, anderes Volk, das sich ihnen zugesellt hat. An der Ecke ein Lautsprecherwagen, auf dessen Dach Havemann, ein Mikrophon in der Hand.

Havemann spricht zu den Arbeitern, Streik sei falsch, dies seien doch ihre Betriebe, ihre Regierung, sie sollten nicht den Forderungen irgendwelcher Provokateure aufsitzen.

Eine Gruppe von Arbeitern nähert sich dem Fahrzeug. Sie stürzen es um, Havemann kann gerade noch rechtzeitig abspringen. Ihm selbst tun sie nichts.

[18]   Arbeitszimmer, am Schreibtisch. Ich schreibe meine Erklärung ab, mit Durchschlägen. Ich bin nervös, mache Tippfehler.

Ich sage zu Inge: Meinst du, sie werden Biermann je zurückkommen lassen?

Nie, sagt sie.

Wieder das Telephon. Diesmal ist es Hermlin. Ob ich morgen um 11 Uhr bei ihm sein kann?

Ja natürlich, sage ich. Bis morgen dann.

Also will er doch nicht bis Sonnabend warten, bis zu der Einladung zum Kaffee. Ich denke an meine Erklärung in der Schreibmaschine, die morgen an die Presse gehen muß.

MITTWOCH, 17. NOVEMBER 1976

[19]   Fahrt durch das vormittägliche Berlin, Inge chauffiert, ich bin dankbar dafür, ich habe wenig und schlecht geschlafen, habe Träume gehabt, an deren Einzelheiten ich mich nicht erinnern kann, aber ich weiß, es waren Fluchtträume gewesen, Flucht über die Berge, wie damals, März 1933, als ich in die Tschechoslowakei ging, oder zwei Jahre später, der Nachtzug von Prag über Linz nach Paris, um Deutschland herum; dann kam die Meldung von Lawinengefahr, der Zug sollte umgeleitet werden, durch deutsches Gebiet, fuhr aber dann doch die vorbestimmte Route.

Strausberger Platz, Alexanderplatz, Auferstanden aus Ruinen, der Text wird nicht mehr gesungen, weil Becher noch dichtete: Deutschland, einig Vaterland; nur Eislers Musik blieb, die Nationalhymne ohne Worte. Schönhauser Allee, die alten Häuser, die Untergrundbahn wird zur Hochbahn, hier ist noch ein wenig von dem Berlin, das einst war.

In der Schönhauser Allee ist das Büro von Reuters. Ich überlege, soll ich Inge sagen, halt an. Meine Erklärung habe ich in der Tasche, und wenn ich sie jetzt gleich abgebe, ist viel Zeit gespart, Zeit ist wesentlich in solchen Dingen. Und was kann Hermlin schon wollen? Er ist kein Freund von Biermann, bei aller Anerkennung für Biermanns Talent. Vielleicht will er beruhigen. Er hat Verbindungen zu wichtigen

Leuten; vielleicht ist ihm gesagt worden: sieh zu, daß nichts Voreiliges geschieht, die Ausbürgerung ist nicht endgültig, es wird vermittelt werden, eine Lösung wird sich finden.

Aber der Leitartikel des Dr. K. im Neuen Deutschland von heute? Das klang doch sehr endgültig und sehr böse. Es kann nichts schaden, sich mit Hermlin zu beraten.

[20]   Stephan Hermlin

Schon als Knabe hat Hermlin sich einen Plan gemacht, was zu lesen und welche Musik zu hören wäre, um ein wahrhaft gebildeter Mensch zu sein, und hat sich eingeteilt, wieviel an jedem Tag, in jeder Woche, jedem Monat, ein Plan auf Jahre hinaus, an den er sich strikte hält. Die Logik des Gelesenen zwingt ihn, Kommunist zu werden.

Max Liebermann hat seine Mutter gemalt, eine sehr schöne Frau. Die Nazis haben die väterliche Gemäldesammlung, Impressionisten zumeist, auseinandergerissen, die Bilder gestohlen, doch blieb dies Porträt erhalten und hängt noch jetzt an der Wand bei Hermlin. Der junge Mann aus gutem Hause, Verse schrieb er auch, hält sich noch drei Jahre in der deutschen Illegalität, für die Partei arbeitend, die kommunistische; die ersten Bindungen zu Honecker stammen aus jener Zeit. Dann geht er nach Frankreich.

Frankreich, die französische Literatur haben ihn schon immer gelockt; noch heute ist seine Stellung zur deutschen Nation eher die eines französischen Homme des Lettres zu der seinigen; das schließt ein: Kritik, Förderung der Jüngeren, Repräsentation, eine gewisse politische Rolle. So wird er denn später, als es die Deutsche Demokratische Republik schon gibt, auf Kongressen, im Weltfriedensrat, im internationalen PEN, immer wieder als Repräsentant auftreten.

Maßvoll und beherrscht – wenn man nach Adjektiven sucht, den Charakter eines Menschen zu beschreiben, diese beschrieben den Mann Hermlin am besten. Maßvoll und beherrscht ist auch seine Sprache, überlegt und bis ins letzte gefeilt seine Prosa, die erzählende wie die essayistische, und seine Verse scheinen in sich zu ruhen. Dabei kocht es sehr leicht in ihm; dann rötet sich das Gesicht, die hellen Augen werden noch um ein weniges heller, und die Stimme heiser; aber das ist auch alles, keiner der feingeschnittenen Züge verzieht sich, höchstens daß er die Pfeife zum Mund nimmt und heftiger als sonst daran zieht.

Und stets das erfahrene Urteil, über Menschen und Möglichkeiten, über die politischen Kräfte, die am Werk sind.

[21]   Hermlins Haus an der Kurt-Fischer-Straße. Ein Vorkriegsbau, verwilderter Garten. Am Garteneingang keine Klingel, auch an der Haustür nicht. Hermlin gehört nicht zu den Großverdienern unter den Schriftstellern, er schreibt wenig, und was er schreibt, eignet sich nicht zu Massenauflagen; auch besondere Förderung, die sich finanziell niederschlagen würde, wird ihm nicht zuteil.

Ein Wagen hält vor dem Hause, ich sehe die Kunerts aussteigen. Es wird also kein Gespräch nur mit mir sein. Das ist mir sehr recht; für die Entscheidungen, die ich für mich zu treffen haben werde, ist der Rat anderer willkommen, und Kunert – wie oft schon war er in Ungnade! –, Kunert ist, so witzig er auch reden und schreiben mag, viel mehr als ein origineller Schalk.

Begrüßung in der Tür, merkwürdig gedämpft, man lacht zwar, aber in Moll.

Eckzimmer bei Hermlin, deckenhohe Bücherwand, ein alter Flügel, dahinter die Erkerfenster, in der Ecke Tisch mit Teetassen, gepolsterte Bank, Stühle.

Volker Braun ist schon da, kindlich rundes Gesicht, leise Stimme, er ist sichtlich nervös. Man steht herum, spricht

Alltägliches, Gesundheit vor allem, jeder hat ein Gesundheitsproblem, oder Arbeit, was macht dein Film, ich hab dein Buch gelesen, ist wohl schon vergriffen; die Sache wird kurz erwähnt, aber keiner will etwas Gewichtiges sagen. Kunert, bezugnehmend auf das Fernsehinterview mit Böll gestern abend im WDR, zu mir: Bei dir haben sie also auch angerufen, komisch, daß wir beide genau das gleiche gesagt haben.

Was sollte man denn sagen, erwidere ich, die im Westen sind immer gleich mit Erklärungen zur Hand, bei uns muß man sich jedes Wort überlegen, jedes Wort hat Folgen.

Hermlin bittet, noch einen Moment Geduld zu haben, er erwarte noch Sarah Kirsch und die Wolfs, auch Heiner Müller sei eingeladen, er werde aber erst später eintreffen können.

Man setzt sich. Inzwischen ist Rolf Schneider gekommen, zufällig, wie sich herausstellt, er wollte mit Hermlin sprechen. Irina, Hermlins Frau, gießt Tee ein. Ihr Gesicht könnte als Modell für die Matrjoschka-Puppen gedient haben, mit den kirschdunklen Augen und dem schwarzen, streng gescheitelten Haar. Hermlin hat sie in der Sowjetunion kennengelernt, damals war sie Studentin, er hielt einen Vortrag. Jetzt haben sie einen elfjährigen Knaben, der so lebhaft ist wie sein Vater zurückhaltend.

Sarah Kirsch ist gekommen, schmales eigenwilliges Gesicht über rumänischer Bauernbluse; auch die Wolfs sind eingetroffen, der stille Gerhard, der neben der dunklen Christa stets etwas blaß wirkt, in dieser Ehe erscheint sie als die Tonangebende, aber ohne ihn könnte sie wohl nicht schöpferisch wirken, nicht existieren, man beobachtet, wie sie sich miteinander verständigen, ein Blick, eine Geste.

[22] Christa Wolf

Sie war einmal Kandidatin des Zentralkomitees, also fast Mitglied, aber 1965, auf dem 11. Plenum des Zentralkomitees, sprach sie nach eigenem Ermessen, die Kunst verteidigend und die Künstler des Landes gegen den Vorwurf der Unzuverlässigkeit, ja, der Subversion.

Die Kunst muß auch Fragen aufwerfen, die neu sind, sagte sie damals, Probleme, die der Künstler zu erkennen glaubt, auch solche, für die er noch nicht die Lösung sieht... Wir haben dabei sehr wenig Hilfe, weil unsere Soziologie und Psychologie uns wenig an Verallgemeinerung gibt... Dazu möchte ich aber sagen, daß die Kunst sowieso von Sonderfällen ausgeht und daß Kunst nach wie vor nicht darauf verzichten kann, subjektiv zu sein, das heißt, die Handschrift, die Sprache, die Gedankenwelt des Künstlers wiederzugeben...

Was die junge Autorin des »Geteilten Himmel« zu sagen hatte, wurde durch Zurufe unterbrochen, auch durch höhnisches Gelächter. Das alte Protokoll zeigt noch heute ihr Entsetzen, ihre Hilflosigkeit: die einzige Stimme gegen eine festgelegte Einheitsmeinung.

Sie wurde dann ausgeschlossen aus dem Zentralkomitee.

[23] Hermlin, er steht immer noch, zieht ein Papier aus der Tasche, sagt ein, zwei einleitende Sätze und verliest den Entwurf einer Erklärung, den er gestern nacht geschrieben hat.

Biermann, heißt es da, sei wohl ein unbequemer Dichter, aber ein sozialistischer Staat müsse eine solche Unbequemlichkeit gelassen nachdenkend ertragen können... Dann wird Marx zitiert, die proletarische Revolution, die sich selber kritisieren müsse... Dann ein polemischer Satz gegen eine demagogische Bösartigkeit im Leitartikel des Dr. K... Dann etwas über Verse, die sich als dauerhafter erweisen könnten als politische Konstellationen, und darüber, daß wir uns nicht mit Biermann identifizierten, obwohl dieser nie Zweifel daran gelassen habe, für welchen der beiden deutschen Staaten er sei, und zum Schluß: »Wir protestieren gegen seine Ausbürgerung und fordern die Rücknahme der beschlossenen Maßnahmen.«

Hermlin hat sich gesetzt.

Das ist denn doch überraschend, denke ich, daß er das vorschlägt, und mit solcher Entschiedenheit; und ich bin froh, daß ich meine Erklärung noch nicht an irgendwelche Agenturen gegeben habe, denn seine ist, trotz mancher Längen und Abschweifungen, ein Stück Literatur. »...müßte gelassen nachdenkend ertragen können...« Gelassen nachdenkend, das ist er selber. Und wie wirksam wird das Ganze sein? Wird es richtig verstanden werden?

Man redet jetzt. Aus dem, was gesagt wird, geht hervor, daß eine Erklärung dieser oder ähnlicher Art dem Bedürfnis aller hier im Raum entspricht; nur in Einzelheiten gibt es Bedenken; jemand meint, man müsse sich doch jetzt schon vorsorglich distanzieren von dem Gezeter, das in der Westpresse in der Angelegenheit Biermann bereits lautgeworden ist, und ein Satz in diesem Sinne wird beigefügt; ich bemängele die Länge des Entwurfs und lese meine nun unnötig gewordene Privaterklärung vor als Beispiel dafür, wie lang etwas der Art sein sollte, um möglichst große Verbreitung zu finden, und ob man nicht doch auch etwas über Kunze sagen sollte; nein, Kunze nicht, wird eingewandt, eine Ausbürgerung sei doch wohl etwas anderes als ein Ausschluß aus dem Verband.

Man wünscht, den Text, wie er jetzt lautet, noch einmal zu hören.

Der Text wird verlesen, langsam, nach jedem Satz eine Pause; hier sitzen Leute, die gewohnt sind, Worte zu wägen und die Konsequenzen der Worte einzuschätzen.

38

Ich überlege. Die sich hier getroffen haben, sind einige der bekanntesten, angesehensten Autoren der Republik. Also ein kollektiver Schritt, unternommen auf eigene Initiative von Menschen, die sämtlich in ihren Werken gezeigt haben, wie sehr ihnen die Republik und der Sozialismus am Herzen liegen. Das ist neu in der Geschichte dieses Staates, in dem Kollektives sonst stets auf Anordnung geschieht. Das ist eine große Sache.

Dennoch ist mir nicht recht wohl, und ich kann spüren, daß auch die andern ihre Sorge unterdrücken und ein Gefühl des Unbehagens. Wir kennen doch unsere Leute im Apparat, ihre Denk- und Verhaltensweisen. Zehn, zwölf Namen unter einer gemeinsamen Erklärung – nichts ist geeigneter, sie zu erschrecken. Sie, die selbst nur in Gruppen operieren, die jede Sitzung, jede Diskussion minutiös vorbereiten, bis hin zur Rollenverteilung – du sagst dies, du sprichst zu dem Punkt – sie können sich überhaupt nicht vorstellen, daß Menschen aus eigenem freien Willen etwas Gemeinsames unternehmen möchten; sie wittern vielmehr den gleichen Modus operandi, den sie praktizieren, und nennen es: Verschwörung.

Vielleicht wäre es weniger gefährlich, ein jeder spräche für sich selber, jeder mit einem anderen Text, jeder mit anderen Argumenten. Aber auch das wäre nur ein Alibi; schon daß wir hier zusammensitzen und, wenn auch in bester, ehrlichster Absicht, einen gemeinsamen Schritt planen, schafft ungeachtet aller schönen Sprüche in der Verfassung der Republik einen polizeilichen Tatbestand.

Und grundsätzlich: das Gewicht unserer Erklärung, so gering es auch sein mag, liegt in ihrer Gemeinsamkeit.

Heiner Müller ist eingetroffen, er billigt den Entwurf. Man versucht, Jurek Becker telephonisch zu erreichen; er ist in Jena, hat dort eine Lesung. Franz Fühmann, erfahren wir, hat

Hermlin Vollmacht gegeben: Was wir auch erklären, unterschreibt er.

Ich gehe ins Nebenzimmer, den Text abzuschreiben. Hermlin benutzt eine uralte, klapprige Olympia Portable; schön werden die Kopien nicht aussehen, aber die mechanische Arbeit, so hoffe ich, wird mich entspannen. Das Stimmengewirr nebenan ist nur noch gedämpft zu hören. Merkwürdig, denke ich, wie sehr Biermann bereits in den Hintergrund gerückt ist; es wurde kaum noch über ihn gesprochen; es geht um uns selber, um unsere Selbstachtung und um die Rechte der Bürger in diesem Staat.

Hermlin kommt. Fertig? Er diktiert die letzten Zeilen. Wir kehren zurück zu den anderen. Die Kopien werden verteilt.

[24]   Dokument

Wolf Biermann war und ist ein unbequemer Dichter – das hat er mit vielen Dichtern der Vergangenheit gemein. Unser sozialistischer Staat, eingedenk des Wortes aus Marxens »18. Brumaire«, demzufolge die proletarische Revolution sich unablässig selber kritisiert, müßte im Gegensatz zu anachronistischen Gesellschaftsformen eine solche Unbequemlichkeit gelassen nachdenkend ertragen können.

Wir identifizieren uns nicht mit jedem Wort und jeder Handlung Biermanns und distanzieren uns von Versuchen, die Vorgänge um Biermann gegen die DDR zu mißbrauchen. Biermann selbst hat nie, auch nicht in Köln, Zweifel darüber gelassen, für welchen der beiden deutschen Staaten er bei aller Kritik eintritt.

Wir protestieren gegen seine Ausbürgerung und fordern die Rücknahme der beschlossenen Maßnahmen.

[25] Und wenn wir, sagt einer, die Sache erst mal zu Honecker brächten?

Aber zu Honecker vorzudringen, erfahren wir, erfordert mindestens fünf, sechs Tage; bis dahin hat sich alles verhärtet, jeder Protest wirkungslos. Es wird beschlossen, die Erklärung auf jeden Fall zuerst dem Neuen Deutschland zuzustellen, mit der Bitte um Übermittlung an ADN. Zweifel werden geäußert, ob das Neue Deutschland so etwas drucken werde, trotz der gewichtigen Unterschriften; jeder hier hat seine Erfahrungen mit unserer Presse.

[26] Ende 1956

Telephongespräch mit dem Genossen Sindermann, damals war er einer der Verantwortlichen für die Presse der DDR. Unsere Zeitungen haben, mit Genuß, den Brief der Göttinger Atomphysiker an Adenauer nachgedruckt, in dem die Professoren um Heisenberg erklären, daß sie sich weigern, Atomwaffen für die Bundesrepublik zu entwickeln; nur gerade die Worte, durch die die Professoren sich politisch auswiesen – »obwohl wir keine Kommunisten sind« – wurden ausgelassen. Ich habe dieses nicht unwichtige Versäumnis in meiner Kolumne »Offen gesagt« kritisiert, habe von »redaktionellen Schönfärbern« gesprochen, ohne zu ahnen, daß ich damit die Agitationskommission beim Zentralkomitee direkt angriff; nun ist eine Minikampagne gegen mich angelaufen, aber verteidigen darf ich mich nicht, der Chefredakteur der »Berliner Zeitung« und sein Stellvertreter, die meine Kolumne gedruckt haben, sind ins Zentralkomitee beordert worden, sie werden ihre Stellung verlieren. Also rufe ich bei Sindermann an, um ihm zu sagen, daß ich unter diesen Umständen meine Kolumne wahrscheinlich nicht weiterschreiben kann.

Sindermann erregt, aber klar und deutlich, spricht den Kernsatz: Wir wollen keine Fehlerdiskussion.

[27] Es wird beschlossen, Neues Deutschland und ADN sollen für die Veröffentlichung der Erklärung einen Vorsprung von mehreren Stunden haben, das jus primae noctis sozusagen; Reuters und Agence France Press werden Kopien erhalten, aber mit einer Sperrfrist bis 17.00 Uhr.

Die Ausbürgerung Biermanns war ein öffentlicher Akt. Jede Stellungnahme dazu muß in der Öffentlichkeit erfolgen, sonst ist sie sinnlos.

Hermlin und Gerhard Wolf sind zu dem nahebei wohnenden Fritz Cremer gegangen; jetzt kehren sie zurück, guter Stimmung: Ja, Cremer hat unterschrieben, stellt aber eine Bedingung; er hat den Text sorgfältig gelesen, zweimal sogar, und will nun, daß der letzte Satz entschärft wird, statt der Forderung also eine höfliche Bitte an die Obrigkeit:

»...und bitten darum, die beschlossenen Maßnahmen zu überdenken.«

[28] Fritz Cremer
Ein Mensch voller Widersprüche: alter Kommunist, seine Frau eingesperrt unter den Nazis, er selbst aber Staatspreisträger; später dann Mitglied der Akademie der Künste der DDR, Buchenwalddenkmal auf dem Ettersberg, Denkmal der Spanienkämpfer im Friedrichshain, »Der Aufsteigende« vor dem UNO-Gebäude in New York; ein Rebell, der nie über die Stränge schlägt; weiß er schon, daß der Rebell, der immerzu über die Stränge schlägt, gerade über diesen »Aufsteigenden« ein höchst zweideutiges Gedicht geschrieben und es vor wenigen Tagen in Köln vorgetragen hat?

[29] Jedenfalls hat die Unterschrift großes Gewicht, zu den Schriftstellern ist ein Bildhauer gestoßen, wohl der wichtigste des Landes.

Die Liste der Unterschriften, mit den Damen zuerst, dann alphabetisch, lautet nun:

Sarah Kirsch
Christa Wolf
Volker Braun
Fritz Cremer
Franz Fühmann
Stephan Hermlin
Stefan Heym
Günter Kunert
Heiner Müller
Rolf Schneider
Gerhard Wolf

Erich Arendt und Jurek Becker werden ein paar Stunden später telephonisch erreicht und geben ihre Zustimmung.

Man ist erleichtert, die Sache hinter sich zu haben, und bedrückt zugleich; keiner der Unterzeichner, der nicht spürte, daß die kommenden Wochen Unangenehmes bringen könnten, die Stimmung zeigt sich in der Art, wie man sich voneinander verabschiedet und geht, stumm, oder mit ein paar kurzen Worten nur.

Ich schüttle Hermlin die Hand. Er steht da wie immer, sehr aufrecht, sehr elegant, er kann tragen, was er will, er wird immer elegant aussehen, wir waren die beiden Ältesten in der Runde, wir wissen, was von unserer Haltung in den kommenden Tagen abhängt, er noch genauer als ich, fünfundvierzig Jahre ist er in der Partei, stets hat er nach außenhin diszipliniert geschwiegen, selbst beim Einmarsch in die Tschechoslowakei hat er nur stumm protestiert, ist in die Botschaft gegangen und hat sich, an diesem Tag, ins Besucherbuch eingetragen.

[30]   Inge fährt. Ich bin ihr dankbar, nicht nur fürs Fahren, auch für die Selbstverständlichkeit, mit der sie in diese Sache hineingeht.

Reuters Büro, Schönhauser Allee. Derek Parr, der vorher für Reuters in Berlin war, kannte ich; Derek interessierte sich eigentlich nur für Sport und lächelte oft und heftig, um seine Hemmungen zu überbrücken. Der neue junge Mann heißt Philip Davison, er spricht ein recht passables Deutsch, bittet uns in ein Zimmer mit Sofa und Lehnstühlen, man nimmt Platz, der obligatorische englische Tee wird gebracht. Zukker? Milch? Nein, danke.

Davison liest, die Erklärung, die Unterschriften. Ob er das gleich senden könne?

Ich verlange das Papier zurück, nehme meinen Stift aus der Tasche, schreibe in die obere rechte Ecke: Hold until 5 p.m. – Sperrfrist bis 17 Uhr.

Warum?

Weil das Neue Deutschland und ADN Priorität haben, sage ich.

Ah so, sagt er.

[31]   Weiter. Inge will Tine Biermann besuchen.

Ich sage, laß uns erst mal was essen.

Wir fahren zu einer kleinen Imbißstube Unter den Linden, dort sollte um diese Stunde Platz sein. Wir bestellen irgend etwas mit Ei, dazu Kaffee. Bis jetzt habe ich eine Entscheidung vor mir hergeschoben, die nur mich betrifft: soll ich die Lesung am Freitagabend in Westberlin durchführen oder nicht? Nach den Tönen zu schließen, die Verbandssekretär Henniger in unsrem gestrigen Gespräch anschlug, werde ich meinen Paß wohl bekommen, darin das Aus- und Wiedereinreisevisum, gültig für einen Tag. Gültig. Ein gültiges Visum hat auch Biermann gehabt.

44

[32]   Clara-Zetkin-Straße 89, ein moderner Bau, Produkt der Anerkennung, der internationalen, für die Republik; hier hausen kleinere Botschaften, Presseagenturen, Handelsvertretungen, auch das ZDF.

Ich gehe hinauf zum ZDF, Wiesner, der Chefkorrespondent, sitzt an seinem Tisch, ich kenne ihn von irgendwelchen diplomatischen Empfängen. Ob er Lust hätte, frage ich, fünf Minuten mit mir spazierenzugehen.

Unten treffen wir Inge, gehen zusammen die kurze Ecke zum Spree-Ufer. Das Gespräch dreht sich um die Gesundheit, um die unregelmäßige Arbeitszeit; die des Herrn Wiesner ist seit gestern sehr unregelmäßig geworden.

Am Ufer angelangt sage ich: Sie wissen, ich habe am Freitagabend eine Lesung in Westberlin.

Wiesner weiß.

Pause.

Werden Sie hinübergehen? fragt er.

Nein, sage ich.

Er nickt.

Ich möchte die Begründung für meine Absage gerne in Ihrem Fernsehen bekanntgeben, sage ich. Das ist die einzige Möglichkeit, die ich sehe, um zu verhindern, daß ich falsch zitiert werde.

Wir kommen morgen früh zu Ihnen, sagt er, wenn's Ihnen recht ist; es kann auch der zeitige Nachmittag werden.

Ich werde zu Hause sein, sage ich, ich möchte arbeiten, wenn es irgendwie geht.

[33]   Ecke Chaussee- und Hannoversche Straße. Gegenüber, auf dem unbebauten Gelände neben dem Haus der Ständigen Vertretung der Bundesrepublik, filmt Lothar Loewe von der ARD. Er filmt keine Menschen, keine Straßenszene, keinen aufregenden Zusammenstoß: er filmt das

stumme Eckhaus mit den drei Läden im Erdgeschoß und den zwei Eingängen, nächst dem Palast der Republik zur Zeit wohl das meistfotografierte Gebäude in der Hauptstadt der Deutschen Demokratischen Republik.

Wir gehen hinauf in die zweite Etage, vorbei an der hellgrau gestrichenen großen Stahltür der Wohnung darunter, kein Namensschild zeigt an, wer sich hier eingemietet hat, Biermann hat stets gemeint, es wäre die Staatssicherheit; ich weiß nicht, ob er recht hat, aber sollte er recht gehabt haben, welch ein Aufwand für einen Liedersänger!

Dafür befinden sich an der Tür in der zweiten Etage mehrere Klingeln und mehrere Namensschilder: Biermann hat in der großen Altberliner Wohnung nicht allein gewohnt, andere Künstler, Schauspieler zumeist, leben hier auch, in der Nähe der Theater. Jetzt ist in der zweiten Wohnung ein Herr Gerhard vom Union-Verlag. Seine Frau öffnet auf unser Klingeln, wir entschuldigen uns, sie nickt verständnisvoll, alle sind heute erregt, es ist nicht das erste Mal, daß sie öffnen mußte, gehen Sie nur hinein.

In dem Wohnzimmer steht in der Mitte der Billardtisch, mit einem Tuch abgedeckt jetzt; Biermann hat diesen Billardtisch von meinem Grünauer Nachbarn gekauft, dem Dr. Schäfers; der alte Schäfers war einer der leitenden Leute bei IG-Farben gewesen und der einzige von ihnen, der nach dem Kriege im Osten blieb und sich den neuen Machthabern, den Arbeitern, zur Verfügung stellte; er war mir Vorbild für die Gestalt des Dr. Rottluff, des Werkleiters, in »Fünf Tage im Juni«. Da ist der Flügel, sind die Wände mit den Büchern; auch im Nebenzimmer, wo Biermann schlief, die Bücherwände, die Bilder; bevor das Baby geboren wurde, haben er und Tine die Wohnung renoviert.

Auf der Couch sitzen junge Leute, Freunde von Biermann. Sie sitzen stumm, eine Trauergesellschaft.

Kommt mit, sagt Tine zu Inge und mir, ich muß den Kleinen abholen.

[34] Linienstraße. Hier ist das proletarische Berlin noch, wie es einst war, die Häuser engbrüstig, mit Durchgängen, man ahnt die Hinterhöfe. Alles ist still. Wenn uns jemand folgte, man müßte ihn sehen. Ich sehe niemanden.

Tine weint jetzt. Die letzte Nacht ist schlimm gewesen. Zweimal hatte sie Besuch, jedesmal dieselben Herren vom Innenministerium, sie kamen, um Listen von Biermanns Eigentum anzufertigen, zwecks Nachsendung in die Bundesrepublik. Zweimal hat Tine sie nach längeren Verhandlungen hinauskomplimentiert, das zweite Mal mit Hilfe von Rechtsanwalt Götz Berger. Aber das ist doch in Ihrem eigenen Interesse, Frau Biermann, sagten die Herren vom Innenministerium, wo Sie doch in Scheidung leben. Ich lebe nicht in Scheidung, hat sie den Herren vom Innenministerium gesagt, ich habe die Scheidungsklage zurückgezogen. Wolf Biermann ist mein Mann, und ich bin seine Frau, und ich bin Bürgerin der Deutschen Demokratischen Republik, und ich bin hier und bleibe hier, und ich will, daß mein Mann zurückkommt zu mir.

Tine Biermann, geborene Barg, Medizinstudentin an der Humboldt-Universität, hat ein Kindergesicht und eine helle, kindliche Stimme.

[35] Sommer 1974
Zimmer bei Biermann, in der Ecke die Couch; in der anderen Ecke, um einen runden Tisch herum, sitzen auf ziemlich ramponierten Stühlen und Sesseln Schauspieler und Schauspielerinnen, Studenten, Literaten verschiedenen Alters, alle in Jeans, die Männer zumeist bärtig. Biermann trauert. Tine hat ihn verlassen, seiner Liebschaften wegen.

Biermann singt das Lied vom Palazzo di Prozzo, der da gebaut wird, und von seiner großen Liebe, deren Vater einer der leitenden Leute ist am Bau des Palazzo di Prozzo, und dazu ist Vater auch noch Mitglied der Bezirksleitung der Partei, und die Partei befindet, das ginge nun wohl doch nicht, daß seine Tochter mit diesem aufmüpfigen Dichter, und Vater gerät unter Druck, und Vater setzt Tochter unter Druck, und Tochter wendet sich schnöde ab vom geliebten Dichter, die ganze Moritat verbrämt mit sehr schön ausgewählten Zitaten aus der Bibel, sehr schön vorgetragen, das kann Biermann vorzüglich.

Alle sind gerührt von dem Lied und von Biermanns großer Trauer über den Verrat des Mädchens, und es folgt eine Diskussion über die Liebe, in dieser Zeit und überhaupt, und ich denke mir, wie schlimm ist das doch, daß dieser Mensch mit seiner so seltenen Kombination von Talenten – als Dichter, als Komponist, als Sänger, als Schauspieler – daß dieser Biermann so abgeschnitten ist von dem großen Publikum, auf das er wirken und das ihn beflügeln könnte, er ist auch schon kein junger Mann mehr, er geht auf die Vierzig zu, wie lange wird die Stimme noch halten und, ebenso wichtig, seine Urteilskraft, was geht im Innern dieses Menschen vor, eines Tages wird ihm das Dach auf den Kopf fallen.

[36]   Tine Biermann ist hineingegangen in das Haus in der Linienstraße. Wir warten.

Dann kommt sie, an ihrer Seite ein korrekt gekleideter Mann, der das Kind auf dem Arm trägt – der Genosse Barg, Mitglied der Bezirksleitung der Partei und einer der leitenden Leute an dem inzwischen vollendeten Bau des Palasts der Republik. Er wirkt jugendlich, wird auch kaum viel älter sein als der unerwünschte Schwiegersohn; aus der Art, wie er das

Kind anblickt, läßt sich erkennen, daß er stolz ist auf den Enkel.

Aber die Probleme. Am liebsten möchte er Tine dem Ganzen entführen, sie und das Kind zu sich nehmen. Aber sie sträubt sich, will in der Wohnung ausharren, und die Scheidungsklage hat sie ja auch zurückgezogen...

Ob er es lieber sähe, fragt Inge, daß Tine ihren Mann in einer solchen Situation im Stich ließe? Er könne sich doch freuen über seine Tochter; jetzt erweise sich, daß er sie gut erzogen hat. Im übrigen verhalte Tine sich sehr klug, gebe keine Interviews, verlange nur ihr Recht.

Er wolle ihr ja auch helfen, sagt er.

Tine hat wieder Tränen in den Augen. Sie nimmt das Kind auf den Arm.

[37]   Endlich wieder zu Hause. Mein Sohn will wissen, was sich ereignet hat. Ich versuche zu berichten, sehe, daß man das in ein paar Worten gar nicht tun kann, winke ab.

Er wartet. Der Junge ist achtzehn, er hat ein Recht darauf, zu wissen.

Später, sage ich, laß mich erst mal zur Ruhe kommen.

Das Telephon klingelt. Jörg von der Westberliner Handpresse ruft an: ob ich am Freitagabend zur Lesung kommen werde?

Nein, sage ich.

Ob ich ihm eine Erklärung geben möchte? fragt er mit erschrockener Stimme.

Eine Erklärung kommt morgen, sage ich.

Er hofft, daß wir uns bald sehen werden, sagt er.

Ich hoffe auch, sage ich.

Dann komme ich dazu, den Leitartikel des Dr. K. im Neuen Deutschland zu lesen, den ich heut früh nur überfliegen konnte. Biermann, erfahre ich, hat zehn Jahre in diesem

49

Land gelebt, ohne zu arbeiten. Die Treuepflicht gegenüber dem Staat habe er bewußt und ständig grob verletzt. Was er in Köln am 13. November an Haß, an Verleumdungen und Beleidigungen gegen unseren sozialistischen Staat und dessen Bürger losgelassen hat, mache das Maß voll.

Treuepflicht gegenüber dem Staat – woher kenne ich diese Sprache? ...

DONNERSTAG, 18. NOVEMBER 1976

[38]   Grünau, der Wald. Das feuchte Laub auf dem Weg,
man läuft wie auf einem braunen Teppich. Ich bin in den
Wald geflüchtet, um zu überlegen, wie geht das weiter mit
dem nächsten Abschnitt des nächsten Kapitels, man muß ja
auch noch arbeiten, ich habe meine Bürgerpflicht getan,
meine Stimme erhoben, ich möchte zurück an meinen
Schreibtisch, aber zu Haus läutet das Telephon, wildfremde
Menschen rufen an, sie haben von dem Brief der Schriftsteller gehört, wie ist der genaue Text bitte, wie können sie sich
anschließen, wo unterschreiben, an wen ihre Unterschrift
leiten. Ich bin kein Auskunftsbüro, kein Organisationssekre-
tär, es gibt überhaupt keine Organisation, und weiß ich, ob
der letzte Anrufer nicht ein Lockvogel war für Leute, die
feststellen möchten, ob es nicht doch eine Organisation gibt,
und weiß ich, wer noch mithört an meinem Apparat, und so
antworte ich stereotyp: Schönen Dank für Ihr Interesse und
Ihre Sympathie, aber ich kann Ihnen da leider nicht helfen,
Sie müssen selbst entscheiden, wie Sie Ihre Meinung zu
Gehör bringen wollen und wo. Dabei tut mir das Herz weh,
wahrscheinlich sind das alles anständige Menschen, die genau wie ich empfinden, daß der sozialistische Staat, dessen
Bürger wir sind, sich da nicht von der besten Seite gezeigt
hat, und läßt sich das nicht korrigieren; und nun werden sie

sagen, dieser Heym hätte auch freundlicher sein können, an wen sonst sollen wir uns denn wenden?

Und Inge ist nach Babelsberg gefahren, ins Studio: ein Film, bei dem sie die Dramaturgie gemacht hat, soll heute abgenommen werden; Siegfried Kuhn führte Regie, Kunert hat das Skript geschrieben, eine seiner skurrilen Ideen, der Mensch hat Witz und eine beneidenswerte Phantasie.

Kunert ist einer der Unterzeichner, Inge die Frau eines Unterzeichners, nach dem 11. Plenum damals wurden zwölf fertige Filme verboten... Ich verscheuche den Gedanken. Aber mit dem Nachdenken über den nächsten Abschnitt meines nächsten Kapitels wird es nichts.

Ich kehre um.

[39] Am Schreibtisch. Das Telephon.

Soll ich überhaupt den Hörer abnehmen? Aber vielleicht ist es Inge.

Der Anruf kommt aus Zürich. Mein literarischer Agent teilt mit, die westdeutsche Filmgesellschaft, die sich für den »Lassalle« interessiert, sei eine ernstzunehmende Firma; er werde die Verhandlungen führen.

In meine Freude mischt sich Bedauern. Lassalle, die Anfänge der organisierten Arbeiterbewegung in Deutschland, ist das nicht eigentlich unser Stoff; hier in Babelsberg müßte man ihn filmen können, aber meine Bücher sind seit langen Jahren schon tabu für die DEFA und das Fernsehen der DDR; bis 1973 war auch die Veröffentlichung des »Lassalle« verboten, ebenso wie die des König-David-Berichts und der Novelle über Defoe; erst seit Honecker durften die drei Bücher, im Westen längst erschienen, auch in dem Staat gedruckt werden, in dem ich lebe.

Das ist ja das Problem des Schriftstellers in der DDR: die Zensur läßt sich nur auf dem Umweg über den Westen

umgehen; hätte ich meine Bücher, die vom sozialistischen
Geist getragenen Bücher eines Sozialisten, nicht beim sogenannten Klassenfeind erscheinen lassen, mit Rückkopp-
lungseffekt auf das Publikum in der DDR, die ungedruckten
Manuskripte lägen sämtlich noch in diesem Schreibtisch.

Das gilt, mutatis mutandis, auch für die Erklärung von
gestern. Ein großes Geschrei wird erhoben werden von all
denen, die nicht die Vernunft haben, einen Appell an die
Vernunft entgegenzunehmen: Zum Klassenfeind seid ihr gelaufen! Verrat! Verrat!

Aber im Neuen Deutschland von heute ist der Brief nicht
abgedruckt, kein Sterbenswörtchen davon wurde verlaut-
bart von unsern Rundfunkstationen, unserm Fernsehen. Wie
denn soll man mit dem eignen Volk kommunizieren?

[40] Einfahrt in die stille Siedlung in Grünau: mehrere
große Westwagen, ein Kleinlaster. Nicht nur das ZDF ist
gekommen, auch die ARD.

Wiesner, noch in der Haustür: Ich hoffe, Sie nehmen die
Invasion nicht übel, der Kollege Loewe fragte mich, ob er
nicht mitkommen dürfe.

Ich nehme nicht übel. Ich sehe auf einmal die Gelegenheit,
etwas mehr zu tun, als eine Begründung für eine abgesagte
Lesung zu geben. Wenn man, dem Cremerschen Gedanken
folgend, die Bitte unterstriche, die Möglichkeit betonte, daß
sich die Maßnahme der »zuständigen Behörde« korrigieren
ließe, ohne daß diese zuviel an Gesicht verlöre, wenn man ein
goldenes Brückchen baute für die Genossen, die doch inzwischen gemerkt haben müssen, daß die Ausbürgerung Biermanns ein Schlag ins eigne Kontor war?

Die Kabel werden gelegt, die Kameras aufgestellt, man
bespricht, wo jeder sitzen wird, nein, ich will nicht zweimal
sprechen, einmal für das ZDF, einmal für die ARD, nur die

beiden Korrespondenten werden separat aufgenommen, wenn sie ihre Fragen stellen. Die ganze Zeit überlege ich: wie das formulieren, jedes falsche Wort würde zu Mißverständnissen führen – in der Politik höchst gefährlich. Überhaupt möchte ich nicht Politik machen müssen, ich ziehe den Schreibtisch der öffentlichen Ansprache vor, aber das Leben stößt einen immer wieder in die Politik, schon vor 1933 fing das an, wieviel war Irrtum seither, wieviel war notwendig und richtig?

Könnten wir mal probesprechen, sagt der Tontechniker.

[41] Dokument
Herr Heym, Sie wollten morgen nach Westberlin fahren, Sie wollten dort lesen. Sie haben diese Lesung abgesagt. Warum?

Ich bedauere meine Absage dieser Lesung im Künstlerhaus Bethanien sehr. Ich bedauere es einmal wegen der Leute, die vielleicht hingekommen wären. Ich bedauere es auch wegen der Veranstalter, der Berliner Handpresse; das sind zwei junge Graphiker, die wahrhaftig kein Geld haben und die nun mit der Saalmiete und den Vorbereitungskosten für die Veranstaltung festsitzen. Und ich bedauere es meinetwegen, denn ich habe mich sehr darauf gefreut, hinüberzugehen und ein paar Sachen vorzulesen, die ich in der letzten Zeit geschrieben habe. Aber solange die Frage nicht geklärt ist, ob die Wiedereinreisevisa der Deutschen Demokratischen Republik auch für Dichter und Schriftsteller Gültigkeit haben – solange ziehe ich es natürlich vor, innerhalb der Grenzen unseres Landes zu bleiben.

Weil wir gerade davon sprechen, Herr Heym, Sie hatten gestern mit zwölf weiteren Kolleginnen und Kollegen eine Protestresolution gegen die Ausbürgerung von Wolf Biermann unterschrieben. Gibt es darauf schon ein Echo?

Ich habe kein direktes oder indirektes Echo bisher gehört. Ich habe der Erklärung auch nichts hinzuzufügen. Ich würde nur gerne noch einmal unterstreichen die dringende Bitte, die wir an unsere Regierung gerichtet haben, die Sache noch einmal zu überdenken. Natürlich hat der Biermann auch Fehler gemacht; wer macht keine? Sogar Regierungen machen manchmal Fehler. Aber ich glaube nicht, daß irgendein Mensch in unserer Republik eine Zurücknahme der Ausbürgerung Biermanns als ein Zeichen der Schwäche seitens der Regierung auslegen würde. Ganz im Gegenteil: ich glaube, man würde das verstehen als ein Zeichen einer großen inneren Kraft, und von menschlicher Weisheit, und von Güte, was schließlich alles Dinge sind, die wir in dieser harten Zeit sehr notwendig brauchen.

[42]   Abends, vor dem Fernseher.

Es hat mich immer fasziniert, mich bei den verschiedenen Fernsehauftritten, die ich gehabt habe, dann auf dem Fernsehschirm zu beobachten, mich zu sehen, wie andere mich sehen; vor dem Spiegel setzt man sich stets in Pose, ist Kameramann, Regisseur und Spieler in einem; der Spiegel lügt immer.

Es spricht ein sehr müder Mann, mit tiefen Falten im Gesicht und Schatten unter den Augen. Er spricht langsam, so als suche er nach Worten; von der Besorgnis und Spannung, die in ihm sind – schließlich kennt er die Macht des Apparats – merkt man ihm aber kaum etwas an.

[43]   Wald, Nacht.

Ich gehe allein durch den Wald, suche mit mir ins klare zu kommen. Habe ich einen Fehler gemacht? Ja? Nein? Wenn man mit anderen zusammen etwas unternimmt, muß man jeden Schritt mit ihnen abstimmen.

Ein Licht. Ich gehe darauf zu. Ein Kleinlaster ist mitten auf dem Fahrweg abgestellt, der zu dem Waldrestaurant führt, die Kabine hinten ist verschlossen, nur zwei kleine Fenster befinden sich in der Tür an der Hinterwand. Das Nummernschild: MF 13-22 – der käme also, wenn ich mich nicht irre, irgendwo aus der Magdeburger Gegend. Über dem Fahrerhäuschen ist ein Glasschild; der Mond ist hell genug, daß man entziffern kann: *Entstörwagen*. Von dem Laster aus, in gerader Linie, unbehindert durch Bäume oder andere Häuser, sind es etwa vierhundert Meter bis zu meinem Haus.

Wahrscheinlich hat der Fahrer irgendwo in der Nähe ein Mädchen, denke ich mir, bei dem er die Nacht verbringt. Wahrscheinlich.

FREITAG, 19. NOVEMBER 1976

[44]   Am Schreibtisch. Ich versuche zu arbeiten, komme
nicht dazu, das Telephon klingelt alle paar Minuten, Bekannte rufen an und völlig Unbekannte, sie haben mich
gestern abend am Fernsehen gehört, ich habe ihnen aus der
Seele gesprochen, sagen sie, und viele wollen wissen, wie sie
sich dem Appell der Schriftsteller anschließen können, wo
Listen ausliegen, auf denen sie sich eintragen dürfen. Die
Post bringt einen Packen Briefe, die Briefschreiber, sämtlich
unbekannt, solidarisieren sich mit Biermann, identifizieren
sich mit dem Appell der Schriftsteller.

[45]   Bei Hermlin, dieselbe Sitzecke im Wohnzimmer.
   Er hat Inge und mich gebeten hinzukommen. Hermlin ist
erregt, aber seine Erregung ist, wie immer, sorgfältig ka-
schiert. Auch bei ihm hat das Telephon dauernd geläutet,
Menschen sind zu ihm an die Tür gekommen, eine Frau sogar
mit Blumen.
   Herein tritt Hermlins Tochter aus einer früheren Ehe,
Bettina. Bettina ist eine ausgesprochen schöne junge Frau;
sie gehört zu dem Bekanntenkreis Biermanns. Bettina berichtet, was Hermlin zum Teil schon zu wissen scheint: An
Häuserwänden sollen Pro-Biermann-Losungen erschienen
sein, heute früh war die Polizei noch damit beschäftigt, sie zu

entfernen; Delegationen von Studenten oder Arbeitern sollen zu irgendwelchen Amtsstellen gezogen sein, sogar von Demonstrationen hat man gehört; es hat auch Verhaftungen gegeben; so soll ein gewisser Schwarzbach, ein Schwiegersohn von Fritz Cremer, der am Märkischen Museum arbeitet, bereits sitzen, weil er einen Protestzettel ans Schwarze Brett des Museums geheftet habe; verhaftet sei auch ein junger Schriftsteller namens Jürgen Fuchs, der bei Havemann gewohnt habe – Havemann hat, das weiß ich, auf seinem Grundstück in Grünheide einen hölzernen, schuppenartigen Bau, in dem Gäste nächtigen können. In der Biermannschen Wohnung seien Polizeibeamte in Zivil gewesen und hätten den jungen Leuten dort Anweisung gegeben, schleunigst zu verschwinden.

Bettina geht.

[46]   Was sind Fakten, was Gerüchte? In einem Land, wo die Presse nur Amtliches druckt, blüht das Gerücht.

Dennoch scheint klar zu sein, daß die Ausbürgerung nicht so glatt über die Bühne gegangen ist, wie die Ausbürgerer wohl angenommen hatten. Was nun?

Hermlin sagt, Honecker habe anrufen lassen, er solle zu ihm kommen.

Wann?

Montag.

Heute ist Freitag. Heute abend, ab 20.15 Uhr, überträgt die ARD die gesamte Kölner Biermann-Show, über vier Stunden soll das dauern. Bis Montag kann noch viel geschehen. Wenn sich das Ruder überhaupt noch herumreißen läßt, wird es Montag nicht schon zu spät sein?

Daß du gestern abend im Westfernsehen aufgetreten bist, sagt Hermlin, halte ich für falsch. Aber was du gesagt hast, war richtig.

Ich könnte erwidern: wenn ich richtig gesprochen habe, war es auch richtig, daß ich gesprochen habe. Aber was soll das. So sage ich: Es gibt zwei Möglichkeiten, die wir durchdenken sollten. A – die »zuständigen Behörden« ziehen das Ding mit Gewalt durch, dann wird noch mehr Geschirr zerschlagen werden, als jetzt schon zerbrochen wurde, und die Folgen werden unabsehbar. B – die Genossen haben an der Reaktion im Land und außerhalb gemerkt, daß man die Sache korrigieren sollte, dann muß man Biermann dazu kriegen, daß er eine vernünftige Erklärung abgibt, und vor allem muß man verhüten, was ich gestern schon andeutete, daß die Bevölkerung einen solchen Schritt der Regierung als Schwäche sieht. Dann müssen die Schriftsteller, die am 17. unterzeichnet haben, sich demonstrativ vor die Regierung stellen; in welcher Form, kann man noch besprechen.

Er will darüber nachdenken, für sein Gespräch am Montag.

[47]   Herbst 1973

Inneres eines verlassenen Ladengeschäfts in einer Pankower Straße, Nähe Grenze. In diesem Laden hat der Graphiker Lothar Reher sein Atelier eingerichtet.

Auf zwei Holzböcken liegt ein breites, zweigeteiltes Holzbrett, in dem ein Loch ausgesägt ist; ich muß mich unter das Brett setzen, den Kopf durch das Loch stecken, das Brett wird geschlossen, es klemmt etwas am Halse: so ähnlich sah der Kopf aus, wenn sich das Halsbrett des Prangers um die Kehle des Delinquenten schloß. Reher legt mir eine Allongeperücke an, dann stülpt er eine große Glasglocke über den so geschmückten Kopf, springt auf das Fußende des Bretts, und photographiert von schräg oben, knipst, knipst, knipst. Die Luft unter der Glasglocke geht aus. Ich versuche den Sauerstoff zu rationieren. Beklemmung setzt ein.

Ich schreie auf.

Der Kopf unter der Glasglocke wird auf dem Umschlag eines Buchs erscheinen, in dem die Geschichte enthalten ist, wie der Schriftsteller Daniel Defoe in London am Pranger stand, an drei aufeinander folgenden Tagen zwischen zwölf und ein Uhr mittags, und wie das Volk, statt ihn mit faulen Eiern zu bewerfen oder mit Ziegelsteinen, ihm vielmehr zujubelte und den Pranger mit Blumen bekränzte, während die von der Obrigkeit beanstandeten Schriften Defoes am Fuß des Prangers verkauft wurden.

Das war in London, im Jahre 1703. Um wieviel weiter sind wir gekommen?

[48] Der gleiche Laden, jetzt ohne Böcke und Brett.

Reher hat ein altes Verfahren, das Marmorieren, wieder entdeckt, hat die Methoden der letzten Leipziger Meister des Fachs studiert und weiterentwickelt; jetzt benutzt er die Technik für ganz neuartige Effekte, entwickelt eine neue Art abstrakter Graphiken, eine jede einmalig.

Er steht vor einer viereckigen Zinkwanne, auf der Oberfläche der darin befindlichen Flüssigkeit schwimmt Extrakt von irischem Moos, darauf Farbtupfer, die sich langsam ausbreiten, Schlieren entstehen, werden von ihm durch Stäbchen gelenkt.

Inge und ich sehen der Arbeit zu. Zum ersten Mal seit ich weiß nicht wann sind wir völlig entspannt. Reher berichtet heiter, auch er habe unterschrieben, zusammen mit ihm der Szenenbildner Horst Sagert und andere Graphiker, und Schauspieler, die namhaftesten und beliebtesten: Manfred Krug, die Domröse, Jutta Hoffmann, Hilmar Thate; die Schriftsteller Klaus Schlesinger und Ulrich Plenzdorf; eine Menge Listen seien im Umlauf.

Er legt einen Bogen eines besonderen Papiers auf die

schwimmenden Farben und nimmt den Bogen dann, vermittels eines Holzstabs, an dem zwei Griffe sind, aus der Wanne heraus. Das Farbdessin haftet jetzt am Papier, die Oberfläche der Flüssigkeit in der Wanne ist wieder klar und durchsichtig, eine neue Graphik ist entstanden und wird zum Trocknen aufgehängt – eine gelbe, blumenartige Form mit unglaublich zarten roten und schwarzen Rändern, ich habe Ähnliches bisher nur auf chinesischen Drucken gesehen, Abbildungen von Geistern, guten und bösen.

[49] Die Wiedergabe des Kölner Biermann-Programms, erfahre ich, ist auf zehn Uhr nachts verschoben worden. Die CDU-Vertreter in der Leitung der ARD haben protestiert: zuviel Kommunismus zu einer viel zu guten Fernsehzeit.

Wie der Kerl singt. Und wie der das Publikum in der Hand hat, die Zwischenrufe auffängt, mit seinem Lachen siebentausend Menschen ansteckt, ohne Ehrfurcht vor irgendeiner Autorität, vor irgendwelchen Tabus.

»Wartet nicht auf bessre Zeiten ...«

Hat er bei uns zu Hause mal gesungen, ganz allein, für Inge und mich. Aber hier, vor den Tausenden, wirkt das anders, streitbarer. Was wohl in ihm vorgegangen sein mag an dem Abend in Köln, zum ersten Mal vor einem Publikum, in einem öffentlichen Saal, nach zwölf Jahren nur im engsten Kreise, nur vor dem aufzeichnenden Mikrophon – wenn man von dem kürzlichen Auftritt in der Kirche in Prenzlau absieht. Um so größer die Leistung.

Und um so größer die Gefahr. Das Publikum ist ja keineswegs einseitig für ihn, das zeigen die Zwischenrufe. Die Sache mit den sowjetischen Panzern – »von denen hab' ich viel mehr gesehen als du!« –, darauf seine Analyse des 17. Juni in drei Sätzen, die Verteidigung der DDR und der Sowjetunion und des Einsatzes von Panzern. Biermann kennt seine Dialektik, er ist, auch wenn er Hagers realen Sozialismus noch so oft und noch so scharf kritisiert, ein Kind dieses Sozialismus.

Diese Kritik trifft. Das Gedicht vom Monopolbürokraten – der Junge rezitiert sich um Kopf und Kragen; die da ihren Kreislauf ruinieren an den Tischen der Bankette, sind ehrlich der Meinung, daß sie damit an der Front des Klassenkampfes stehen und daß sie ein großes Opfer bringen, wenn sie sich in der bewußten Siedlung in Wandlitz einigeln.

Vielleicht wäre es besser gewesen, sich nicht so weit tragen zu lassen vom Hauch der plötzlichen Freiheit. Sinngemäß hat Biermann einmal formuliert: wenn die einen still sind, müssen die andern um so lauter rufen. Er ruft zu laut.

Es ist nicht seine Schuld.

Und folgte die Strafe nicht zu rasch auf dem Fuße?

SONNABEND, 20. NOVEMBER 1976

[50] Dokument
Aus einer vollen Seite von Erklärungen, die das Neue
Deutschland unter dem Titel »Wir sind es gewohnt, mitzu-
denken« veröffentlicht.

Fritz Cremer
Prof. Fritz Cremer hat sich bereits am Donnerstag von dem
Brief einiger DDR-Schriftsteller in der Angelegenheit Bier-
mann distanziert. Er bezeichnete die in der BRD als Protest-
aktion hochgespielte Erklärung als ein »unglückliches
Schreiben über Biermann«. Fritz Cremer erklärte, daß sein
Name in diesem Zusammenhang mißbraucht wurde. Man
habe ihn, der sich im Krankenhaus befindet, überfahren.

Hermann Kant
Wer oder was gewinnt, und wer oder was verliert etwas,
wenn sozialistische Künstler, die ihrer sozialistischen Regierung eine Mitteilung zu machen wünschen, sich kapitalistischer Übermittlungs- und Verstärkeranlagen bedienen? Wie
behauptet sich Gelassenheit im Medienlärm? Wer kann etwas bedenken in diesem Triumphradau? Woran erkennt
man seine Freunde, wenn sie dem Feinde Worte in den Mund
legen, die ihm beinahe schon ausgegangen waren?

Ekkehard Schall
Ich möchte betonen, daß ich den Brief einiger Schriftsteller in der Annahme unterschrieben habe, daß er ausschließlich für zuständige Stellen in der DDR bestimmt war. Daß er direkt an westliche Presseagenturen übergeben wurde, halte ich für einen Mißbrauch meiner eingenommenen Haltung. Ich ziehe deshalb meine Unterschrift zurück.

Otto Gotsche
Die DDR ist aus unserm Schweiß, dem Schweiß der Arbeiter und Bauern entstanden. Liedermacher, die sich aushalten ließen, haben daran keinen Anteil. Leute, die unter einem geteilten Himmel leben, auch nicht.

Gerhard Rosenfeld
Mit Erstaunen las ich im ND vom Auftreten Wolf Biermanns in der BRD. Der Bericht über sein Verhalten fordert meine Distanzierung.

Der offene Brief der Schriftsteller, auf den Cremer, Kant, Schall und andere sich beziehen, wurde weder auf dieser Sonderseite noch an anderer Stelle des Blattes veröffentlicht.

[51]   Anruf von Jurek Becker: ob ich um 11 Uhr zu einem Gespräch mit dem Genossen Lamberz kommen könne. Daran gewöhnt, daß derart Aufforderungen zumeist vom Gesprächspartner selbst ausgesprochen werden, erkundige ich mich, ob ich denn tatsächlich eingeladen sei; doch, doch, erklärt Becker, es handle sich um eine außerordentliche Zusammenkunft mit einigen der Unterzeichner des Briefs, sie finde auch nicht im Hause des Zentralkomitees statt oder anderen offiziellen Orts, sondern im Haus von Manfred Krug in der Wilhelm-Wolff-Straße in Pankow.

[52]   Das Krugsche Haus, ein einstöckiger, langgezogener, ockerfarbener Bau, preußische Architektur des vorigen Jahrhunderts. Eingeglaste Terrasse zum Garten hinaus. Auf der Terrasse schon die Domröse, Jutta Hoffmann, Thate; Krug trägt noch Stühle zum langen Tisch im Wohnzimmer.

Ich frage: Wie ist denn das zustande gekommen?

Thate erklärt: Gestern seien er und die Domröse zu Adameck gerufen worden, dem Intendanten des Fernsehens und ihrem Brotherren. Adameck verlangte Rücknahme ihrer Unterschriften, kleines Pater peccavi, dann sei alles bestens. Die beiden weigerten sich; ohne die anderen hinzuzuziehen geschähe überhaupt nichts. Darauf rasche Verständigung Adamecks mit seinem unmittelbaren Vorgesetzten, dem Genossen Lamberz; Adameck, der Lamberz offenbar mehr Überzeugungskraft zutraute als sich selber, bat um Verstärkung bei dem zu erwartenden Massengespräch. Wer denn nun die Teilnehmer sein sollten, wollte Adameck wissen. Irgendwann fiel auch mein Name. Muß das sein? fragte Adameck gequält.

So also bin ich zu der Ehre gelangt.

Teilnehmen an dem Gespräch

die Schauspieler: Hilmar Thate, Angelika Domröse, Jutta Hoffmann, Manfred Krug

der Filmregisseur: Frank Beyer

die Schriftsteller: Christa Wolf, Gerhard Wolf, Dieter Schubert, Heiner Müller, Jurek Becker, Klaus Schlesinger, Ulrich Penzdorf, Stefan Heym

die Funktionäre: Werner Lamberz, Heinz Adameck, Eberhard Heinrich.

Krug, als Hausherr, begrüßt; Thate erzählt kurz, wie es zu dem Gespräch gekommen ist. Die Atmosphäre ist gespannt, der Ton betont freundschaftlich.

Lamberz sitzt links von mir, diagonal über die Tischecke.

65

Er wirkt jugendlich, der Teint ist straff und gut durchblutet, das blonde, natürlich gewellte Haar – drei Wellen – über normal hoher Stirn ist sorgfältig gepflegt; die Augen intelligent, beobachtend, die Nase wohlgeformt, der Mund eher weich.

Ich bitte ihn, doch kurz zu referieren, wie es überhaupt zu der Ausbürgerung Biermanns gekommen sei.

Er habe nicht die Absicht, ein Referat zu halten, sagt er.

Dann möge er doch einfach berichten, schlage ich vor. War der Schritt geplant? Oder kam der Beschluß tatsächlich in der Frist zwischen Biermanns Kölner Auftreten am 12. November und der Verkündung des Akts am 16. November zustande – das Wochenende abgerechnet, also eine Vierundzwanzig-Stunden-Entscheidung?

Eine Regierungsentscheidung, betont er. Wir sind schließlich eine frei gewählte Regierung und nicht mit dem Fallschirm im Zentralkomitee abgesprungen. Eine Entscheidung auf Grund von Biermanns Auftreten in Köln; was er da von sich gegeben hat, war ja direkt beleidigend, feindlich.

Einwände von verschiedenen Seiten. Biermann habe die DDR im ganzen verteidigt, auch wenn er gewisse Dinge im Lande angeprangert habe. Außerdem seien seine Lieder ja bekannt gewesen: wenn man nicht wollte, daß er sie singe, warum habe man ihn dann in den Westen fahren lassen? Eine Falle also?

Lamberz empört sich. Was er da über die Stasi gesungen hat – das sind doch unsere Jungen, Arbeiterjungen, wir haben sie erzogen. Und Wandlitz. Zu behaupten, das wäre ein Ghetto! Wandlitz hat seine praktischen Gründe, da brauchen wir für einundzwanzig Häuser nur einen Swimmingpool. Und wir sind nicht isoliert, das ist pure Verleumdung. Kommen Sie mit mir in irgendeinen Betrieb, Sie werden hören, wie offen die Arbeiter da mit uns sprechen!

Ich möchte als historischen Fakt festhalten, sage ich, daß Biermann ein gültiges Wiedereinreisevisum besaß und daß die Entscheidung, ihn nicht wieder'ins Land zurückzulassen, spontan erfolgte, auf sein Auftreten in Köln hin, und keineswegs ein sorgfältig überdachter, bis in die Einzelheiten geplanter Schritt war. Verhält es sich nun so?

Ob ich seine Antwort etwa heute abend am Westfernsehen bekanntzugeben gedächte, will er wissen.

Da brauche er keine Befürchtungen zu haben, versichere ich ihm; mein und aller Anwesenden Interesse sei lediglich das von Bürgern, die diese Regierung vor nicht allzu langer Zeit gewählt haben.

Die Entscheidung sei jetzt erst getroffen worden, auf Grund von Biermanns Auftreten.

Manfred Krug, ein Hüne von Mann, impulsiv: Das glaub ich dir nicht, du mußt uns wohl für doof halten.

[53]   Sommer 1966

Interieur Kino International in Berlin, Erstaufführung des Films »Spur der Steine«, Regie: Frank Beyer. Im Publikum eine bestellte Claque von einander irgendwie ähnlichen, sehr kräftigen Männern.

Auf der Leinwand Manfred Krug in der Rolle des Balla. Er wirft einen Polizisten in den Dorfteich.

Die Claque geht in Aktion. Aufruhr im Publikum. Die Vorführung wird abgebrochen.

Frank Beyer kreidebleich. Das Volk hat gesprochen. Der Film wird verboten, die 11. Plenarsitzung des Zentralkomitees hat sich ausgewirkt.

Frank Beyer wird mehrere Jahre lang keine Filme machen dürfen.

[54]   Lamberz, der sich allerhand für ihn Ungewohntes hat anhören müssen, kommt jetzt zu seinen Forderungen. Wie lange soll das noch weitergehen mit den Unterschriften!

Darauf die Gegenfrage: Und wie lange das mit den Erklärungen im Neuen Deutschland? Christa Wolf ist besonders empört über Gotsche: der geteilte Himmel, den der einst so mächtige Sekretär des Genossen Ulbricht da erwähnt, ist ja ihr »Geteilter Himmel«.

Das sei nun nicht zu bremsen. Der Genosse Eberhard Heinrich, Sekretär der Agitationskommission beim Zentralkomitee, streicht sich über das gescheitelte graue Haar und prägt das schöne Wort vom »normativen Zwang des Faktischen«; jetzt erst kämen die Stimmen der Arbeiter aus den Betrieben, der LPG-Bauern, der Kollektive.

Wir haben Tausende sehr bittere Briefe... beginnt Lamberz.

Von wem? wirft jemand ein.

...und wissen nicht, wie lange wir euch werden schützen können, beendet Lamberz den Satz.

Wovor schützen? sagt Krug.

Vor dem berechtigten Zorn der Werktätigen, sagt Lamberz.

Krug erhebt die Stimme: Wenn die uns dann die Scheiben einschmeißen, hoffentlich erkenne ich dann nicht dieselben Visagen wie bei der Premiere von »Spur der Steine«!

Klaus Schlesinger sucht zu vermitteln. Auch die Unterschriften der Leute, die sich mit dem Brief der Schriftsteller solidarisierten, seien schwer zu stoppen; sie kämen spontan, aus allen Schichten der Bevölkerung.

Lamberz sieht seinen Nachbarn zur Linken böse an: er, Schlesinger, sammle doch selber Unterschriften! Und dann, Schlesinger den Arm vertraulich um die Schulter legend, mit Ironie: Wir haben mehr als einen Guillaume!

Ich versuche, auf die Möglichkeit einer Korrektur der Aus-
bürgerungsmaßnahme zurückzukommen. Es lohne sich, darüber wenigstens nachzudenken. Anders als Solschenizyn befinde sich Biermann immer noch im Raum seiner Sprache; er
werde weiter Kritik üben, und zwar, wiederum anders als
Solschenizyn, nicht von einer reaktionären Warte her, sondern von links: ein Pfahl in unserm Fleische.

Adamecks Gesicht rötet sich, die Augen glitzern wütend.
Pfahl im Fleisch! In drei ₊Wochen ist der ganze Biermann
vergessen! ...

Und warum sei die Erklärung an die westlichen Presseagenturen gegeben worden. Das sei doch mehr als bedenk-
lich, wo bleibe das Vertrauen zu unseren Stellen, zur Partei.

Christa Wolf antwortet bedächtig: Das liegt an dem Zustand bei uns. Wir haben keine wirkliche Öffentlichkeit. Will
man also an die Öffentlichkeit, muß man die nehmen, die
existiert. Wie sonst soll man antworten auf den empörenden
Artikel des Dr. K. im Neuen Deutschland. Das Maß ist voll,
schreibt Dr. K. Wer bestimmt, wessen Maß voll ist, und
wann es voll ist, ihres, der Christa Wolf, vielleicht auch bald?
Es geht gar nicht mehr um Biermann, es geht um uns.

Erschrecken.

Man wolle doch keine Konfrontation, keine Spaltung der
Schriftsteller, die nur dem Gegner nütze, meint Lamberz.

Das ist der erste versöhnliche Ton, der auch gierig aufge-
griffen wird. Keiner hier will eine Konfrontation, kommen
die Stimmen.

Vielleicht könne man gemeinsam überlegen, schlage ich
vor, wie der Fehler, der mit der Ausbürgerung Biermanns offensichtlich gemacht wurde, korrigiert werden könne, damit
nicht, wie es in der Geschichte der Arbeiterbewegung oft
schon geschehen, am 17. Juni 1953 etwa, bei der Korrektur
der Fehler neue Fehler mit noch böseren Folgen entstünden.

Christa Wolf stößt mich warnend an: der 17. Juni ist unbewältigte Vergangenheit, erzeugt Gefühle der Unsicherheit.

Lamberz fordert: die Erklärung müsse zurückgenommen, und wenn nicht das, zumindest durch einen Zusatz ergänzt werden, daß die Unterzeichner sich von dem Mißbrauch distanzieren, der im Westen damit getrieben wird.

Frank Beyer: Ich ziehe nichts zurück. Auch wenn das bedeutet, daß ich wieder auf Jahre hinaus keinen Film machen darf.

Hilmar Thate: Wir können von unsrer Erklärung nicht abgehen.

Die Domröse pflichtet ihm bei, ebenso die Hoffmann.

Christa Wolf: Auch wir haben ein Gesicht zu verlieren. Druckt unsere Erklärung ab im Neuen Deutschland, sie ist sehr gemäßigt, und sie enthält bereits die Distanzierung vom Westen. Wie sollen wir denn etwas Zusätzliches schreiben zu einer Erklärung, die hier gar nicht veröffentlicht wurde?

Manfred Krug: Biermann war für mich sehr wichtig als Argument. Immer wenn jemand aus dem Westen die DDR Polizeistaat geschimpft hat, konnte ich antworten, leistet ihr euch einen wie Biermann, der bei euch nicht im Knast sitzt, dann könnt ihr uns Polizeistaat schimpfen. Und jetzt? Ich möchte mir, wenn ich in den Westen komme, den Luxus erlauben können zu sagen, wir sind ein freies Land.

Werner Lamberz: Den Luxus wirst du nicht mehr brauchen.

Die Konfrontation. Die Gesichter am Tisch.

Da bringt Ottilie, die Hausfrau, Tee und große Teller mit Schmalzbroten. Pause. Man bedenkt sich.

Die Domröse sagt leise, wir wollen doch keinen Konflikt mit Staat und Regierung.

Dieter Schubert sagt, es müsse doch etwas Produktives herauskommen bei unserer Diskussion.

Heiner Müller sagt, man solle die ganze Sache zum Anlaß nehmen, etwas zu verändern.

Lamberz, Adameck, Heinrich schweigen, kauen, warten.

Ich würde meinen, sage ich, wir verschieben irgendwelche Beschlüsse. Sie wissen doch sicher, Genosse Lamberz, daß am Montag ein Gespräch stattfinden wird zwischen dem Genossen Honecker und dem Genossen Hermlin –

Das Gesicht zuckt. Er weiß es nicht.

– und Sie werden doch auch nicht wollen, Genosse Lamberz, daß wir hier die Ergebnisse eines solchen Gesprächs so oder so präjudizieren.

Bald darauf steht man auf und verabschiedet sich. Der Genosse Lamberz muß noch nach Leipzig. Es werde, hat er gesagt, keine Repressalien geben gegen die Unterzeichner des Briefes.

[55] Bei Hermlin

Ich berichte ihm kurz: die Besprechung mit Lamberz hat kein konkretes Ergebnis gebracht, aber man weiß jetzt, wer wo steht und was verlangt wird. Er soll das in Betracht ziehen für sein Gespräch am Montag.

Hat er mir überhaupt zugehört? Er scheint bedrückt zu sein.

[56] Am abendlichen Fernsehen (West): Robert Havemann.

Er ist blaß, hager, die großen abstehenden Ohren auffälliger als sonst. Aber die Stimme ist fest.

Ja, sein Haus wird bewacht; wenn er ausfährt, folgen mehrere Wagen dem seinigen. Heute nachmittag wurde er gestoppt, die Ausweise der Mitfahrenden wurden kontrolliert, nein, seiner nicht; der Schriftsteller Jürgen Fuchs wurde aus dem Wagen heraus verhaftet.

71

Trotz der nervlichen Spannung, die man ihm anmerkt, macht er den Eindruck, daß er die Situation auch genießt. Werden seine Theorien hier nicht in der Praxis bestätigt?

SONNTAG, 21. NOVEMBER 1976

[57]   Irgendwo sitzen Leute, die sich so etwas ausdenken.
Dies wird mir zugetragen:
Was ist der Unterschied zwischen einem Unfallgeschädig-
ten und Professor Fritz Cremer?
?
Der Unfallgeschädigte wird erst überfahren und kommt
dann ins Krankenhaus.

[58]   Anderes ist weniger spaßig.
Der Filmregisseur Horst Seemann, der bei Günter Kunerts
Beethoven-Film Regie führte und sich mit diesem Film auf
Premierenfahrt durch die größeren Städte der Republik befindet, wurde im Interhotel »Kongreß« in Karl-Marx-Stadt
von zwei Männern zusammengeschlagen. Seine Frau, die
ihm zu Hilfe kommen wollte, wurde verletzt. Beide mußten
sich in ärztliche Behandlung begeben.
Die Täter schienen im Hotel bekannt zu sein, einer von
ihnen trug ein Parteiabzeichen. Sie beschimpften Seemann
als verfluchten Künstler, so wie man früher jemanden als
verfluchten Juden beschimpfte. Die Polizei konnte die Namen der Täter angeblich nicht feststellen.
Horst Seemann gehört nicht zu den Unterzeichnern des
Briefs der Schriftsteller; er wußte überhaupt nur gerüchte-

weise von den Ereignissen um Biermann, da er sich seit Tagen auf Reisen befand.

[59] Wohnzimmer. Besuch des Herrn Prof. Dr. theol. habil. Walter Beltz, Dozent für Religionswissenschaft an der Universität Halle.

Der kleine, stets korrekt gekleidete Mann – wache Augen, kluges Lächeln, präzise Sprache mit mecklenburgischem Tonfall – hat mich beim König-David-Bericht beraten, wir sind Freunde geworden seit jener Zeit. Er zeigt mir einen Brief, den er, mit vorschriftsmäßiger Kopie an seine Universitätsbehörde, dem Innenminister geschickt hat.

In dem Brief steht, daß nach den geltenden gesetzlichen Regelungen das Vergehen des Wolf Biermann im Höchstfall mit einer Ordnungsstrafe im Betrag von nicht mehr als 300 Mark geahndet werden kann.

Das wird den Minister aber beeindrucken, sage ich.

Ich mußte den Brief schreiben, sagt er.

[60] Die Welle rollt.

Um 19.30 beginnt die Aktuelle Kamera des Fernsehens der DDR. Zwanzig Minuten lang werden Erklärungen verlesen, die die Ausbürgerung Biermanns begrüßen und gelegentliche Seitenhiebe gegen die Schriftsteller enthalten, die ihre Regierung baten, die Maßnahme noch einmal zu überdenken. Um die Monotonie zu brechen, wechseln ein Ansager und eine Ansagerin einander ab; hinter ihnen taucht, so vorhanden, das Porträt des jeweiligen Autors der Erklärung auf.

Der Wortlaut der ursprünglichen Erklärung der Schriftsteller wird nicht verlesen.

[61]   Dokument

Anna Seghers

Dem Brief in Sachen Biermann, den einige Schriftsteller an
eine westliche Agentur gaben, habe ich niemals zugestimmt.
Die Behauptung westlicher Zeitungen, ich hätte die Zustimmung nachträglich gegeben, ist falsch und dient der Verwir-
rung. Die Deutsche Demokratische Republik ist seit ihrer
Gründung das Land, in dem ich leben und arbeiten will.

Wolfgang Heinz

Sollten Menschen, die aus falsch verstandener Kameraderie
der Meinung sind, die Maßnahme der Regierung sei überden-
kenswert, nicht mit sich ins reine kommen, daß ihr Gefühl
vor ihrer Vernunft nicht Bestand haben kann? Bei jeder
Beurteilung sollte doch die Harmonie von Gefühl und Vernunft angestrebt werden.

Konrad Wolf

In der jetzt eingetretenen Situation, in der unsere Gegner
versuchen, Meinungsverschiedenheiten zu Fronten werden
zu lassen, sollten wir uns unserer gemeinsamen Verantwor-
tung bewußt sein und nicht eine Unterschrift gegen die andere aufwiegen.

Helmut Sakowski

Ein paar begabte Schriftsteller, ein paar Schauspieler, deren
große Kunst ich bewundert habe, hielten es für richtig, Wirkung zu machen, indem sie sich mit Biermann solidarisierten.
Es fällt mir schwer, zu glauben, daß sie Gutes bewirken
wollten, als sie ausgerechnet jenen ihre Namen zuspielten,
die es nicht gut mit uns meinen. Ob sie es nun wollten oder
nicht, sie haben sich gemein gemacht mit jenen, die uns feind

sind. Ein großes Publikum, das ihnen anhängt, ist enttäuscht, und mir tut es sehr weh, wenn ich hören muß, daß über alle westlichen Sender diese Namen ausgerufen werden, daß sie benutzt werden, als »Zeugen« für Antikommunismus und DDR-Feindlichkeit... Wessen Brot ich esse, dessen Lied ich singe...

Harry Thürk
Wes Brot ich eß, des Lied ich sing. Die DDR-Behörden haben sich erlaubt, in Anlehnung daran Herrn Biermann das Brotessen fortan bei denen zu ermöglichen, deren Lieder er singt. Das trifft auf unsere volle Zustimmung.

Herbert Otto
Den offenen Brief einiger meiner Kollegen, Biermann betreffend, habe ich gestern in einem Westberliner Sender gehört und frage mich, wie er dort hinkommt. Haben wir nicht Meinungsverschiedenheiten unter uns stets unter uns ausgetragen. Wieso plötzlich jene Leute zum Anwalt machen und doch wissend, welche Interessen sie vertreten...

[62] Nachdenken. Wie sagte der Genosse Heinrich? – »Der normative Zwang des Faktischen.« Der Druckpunkt wird klar: Veröffentlichung der Erklärung im Westen.

Ja, warum wird sie dann nicht hier veröffentlicht? Dann könnte man die Meinungsverschiedenheit ja hier, unter uns, austragen.

Aber der Appell an den Klasseninstinkt wird wirken, besonders da er die Entschuldigung für die eigene Feigheit liefert.

Wes Brot ich eß, des Lied ich sing. Sie sagen es.

MONTAG, 22. NOVEMBER 1976

[63]   Das Neue Deutschland bringt die Erklärungen von
gestern abend, und andere mehr: zweieinhalb großformatige
Seiten voll Stellungnahmen gegen den Auftritt eines Liedersängers, den eigentlich kein Mensch in der DDR gesehen
haben sollte, und gegen einen Brief von einem Dutzend
Schriftstellern, den eigentlich kein Mensch in der DDR gelesen haben kann.

Ein ungeheures Schattenboxen; wer die Verhältnisse in
diesem geteilten Deutschland nicht kennt, ein Mann aus
Tomsk etwa oder aus Kansas City, würde glauben, er befände
sich im Wonderland der kleinen Alice.

[64]   Zu Hause, Arbeitszimmer. Der Herr Jörg ist gekommen, von der Berliner Handpresse, der unglückliche Veranstalter der Lesungsreihe im Westberliner Künstlerhaus Bethanien, bei der Reiner Kunze, ich und Günter Kunert lesen
sollten; nun wird wohl auch nichts aus Kunerts Auftritt
werden, aus den bekannten Gründen.

Er lächelt fröhlich, ein Kinderlächeln. Er druckt diese
Bücher, an denen auch unter günstigsten Umständen nichts
zu verdienen ist, im Handsatz, mit vierfarbigen Linolschnit-
ten, auf einer Presse, die höchstens antiquarischen Wert hat.
Ein Nicht-Geschäftsmann, ein Mensch ohne Schuld, ohne

Bosheit, ohne Harm, und völlig ohne Verständnis der Vorgänge, die plötzlich um seine Lesereihe herum sich entwikkelt haben, ein Prinz Besuchow, der ins Getümmel der Schlacht gestolpert kommt und erstaunt feststellt, daß um ihn herum geschossen wird.

Wir reden über die Märchen, die ich kürzlich geschrieben habe; er liest ein paar davon, möchte zwei haben, um daraus eines seiner Bücher zu machen.

Die Unterhaltung erscheint unwirklich. Oder ist es umgekehrt: Wirklichkeit ist dieses Gespräch über ein Buch in 300 Stück Auflage, und irreal ist der Fall Biermann mit seinen Folgen, Ausgeburt der Phantasie eines neuen Kafka?

[65] Wieder Besuch. Ein junger Schriftsteller namens Wolfgang Landgraf. Er bringt mir eine Anthologie, in der sich auch eine Story von ihm befindet.

Im Fernsprechamt, erzählt er, habe eine Belegschaftsversammlung stattgefunden. Der Referent habe erklärt, ich sei der Anstifter der Aktion der Schriftsteller und Urheber ihres Briefes. Das habe man nun von Leuten wie mir, die auf dem Rücken der Arbeiter lebten.

So bereitet man ein Pogrom vor.

[66] Fahrt im Auto durch die vorweihnachtliche Schönhauser Allee, in den Schaufenstern elektrische Kerzen, Lametta, Tannenzweige. Es regnet.

Ich habe Inge nichts gesagt von dem Bericht des jungen Landgraf. Die Sache mit Seemann, der schließlich ein Kollege von ihr ist, beunruhigt sie schon genug.

Wir haben noch Zeit bis zu unsrer Verabredung bei Hermlin. Fahren wir bei Reher vorbei, schlägt sie vor.

Reher, mit seinem Humor, seiner Souveränität, ist immer einen Besuch wert.

[67] Bei Reher, in der Wohnung. Reher besitzt mehrere schöne Ebert-Bilder, farbige Juwelen an der Wand.

Da ich nicht den Wagen fahren muß, darf ich trinken: große Zeiten erfordern guten Kognak. Außerdem haben wir Grund zu feiern, Reher hat seine Feuerprobe bestanden, eine mehrstündige Konferenz mit seinem Chef. Reher hat dem Druck nicht nachgegeben; zum Schluß kam es zu einer Art Waffenstillstand, aber die Sache ist noch nicht zu Ende, das läßt sich voraussehen.

Reher war der einzige prominente Mann im Verlagswesen der Republik, der sich durch seine Unterschrift dem Brief der Schriftsteller anschloß.

[68] Weiter zu Hermlin; Inge wird bei Reher auf mich warten.

Bei Hermlin sind bereits die beiden Wolfs, Schneider, Kunert, Sarah Kirsch, Volker Braun, auch Heiner Müller und Becker treffen ein.

Er sei also am Nachmittag bei Honecker gewesen, sagt Hermlin. Das Gespräch, ein herzliches wie immer, habe etwa anderthalb Stunden gedauert. Auf die Frage, ob und wann Biermann wieder ins Land dürfe, habe Honecker geantwortet: Nie. Auf die Frage, wie lange nie denn dauere, ob vier Wochen oder sechs, habe Honecker gelächelt: Natürlich gäbe es in der Politik niemals ein Nie, aber für die absehbare Zukunft sei die Rückkehr völlig ausgeschlossen. Im übrigen habe er, Honecker, selber im Politbüro für die Ausbürgerung gestimmt. Eine Minderheit habe dafür plädiert, Biermann einzusperren; er selbst habe aber lange genug im Zuchthaus gesessen und wolle daher vermeiden, daß Dichter und Schriftsteller eingelocht würden. Überhaupt sei er für Menschlichkeit, für einen menschlichen Strafvollzug; er, Hermlin, werde wohl bemerkt haben, daß seit dem Sturz des

79

Genossen Ulbricht keine Todesurteile mehr vollstreckt wurden.

Honecker habe bedauert, daß er von dem Brief der Schriftsteller erst so spät, nämlich um 6 Uhr abends am 17. November, Kenntnis erhalten habe; da sei die Meldung schon aus dem Westen gekommen. Doch habe er keinen Widerruf gefordert, auch von ihm, Hermlin, nicht. Aber er habe bereits Meldungen erhalten, wonach Volker Braun und Jurek Becker widerrufen hätten. Da er, Hermlin, dies nicht habe glauben wollen, habe Honecker ihm versichert, von Beckers Widerruf habe er durch den Genossen Hager erfahren.

Becker: Wann warst du bei Honecker?

Hermlin: Etwa 14.30 Uhr

Becker: Ich war aber erst um 15.00 Uhr bei Hager.

Volker Braun, erregt, unsicher, zieht einen Zettel aus der Tasche. Er und Karl-Heinz Jakobs hätten zusammen mit der Genossin Ragwitz, einer Abteilungsleiterin im Kulturministerium, über die bedauerliche Polarisierung der Literaturschaffenden gesprochen, die sich durch den Brief der Schriftsteller ergeben hätte. Die Genossin Ragwitz habe gefragt, ob man nicht durch eine vermittelnde Erklärung dieser unglücklichen Entwicklung Einhalt gebieten könne, und er habe daraufhin, aber nur als Arbeitspapier, ein paar Zeilen entworfen.

Er weist auf den Zettel, liest vor:

In der Erwägung, daß die Ausbürgerung Wolf Biermanns bei vielen fortschrittlichen Kräften in der Welt auf Unverständnis stoßen würde, haben wir die Partei gebeten, die Maßnahme zu überdenken. Ich sehe jetzt, wie unsere Stellungnahme dazu benutzt wird, eine Kluft zwischen uns und unserer Partei zu konstruieren. Diese Versuche weise ich entschieden zurück.

Und dann? fragt Sarah Kirsch.

Dann hätte die Genossin Ragwitz eine Abschrift dieser Zeilen, mit seiner Signatur, mitgenommen.

Und dann? fragt Sarah Kirsch.

Dann hätte sie es wohl ADN übergeben.

Ob er wisse, was das bedeutet, fragt Sarah Kirsch.

Plötzlich ist Volker Braun am Telephon, das auf dem Flügel steht. Er ruft das Neue Deutschland an, die Berliner Zeitung, ADN. Es dauert, bis er die jeweiligen verantwortlichen Redakteure erreicht, diese sind mißtrauisch, jeder kann anrufen und sagen, er sei Volker Braun. Hermlin muß bestätigen, ja, der Anrufer sei wirklich Volker Braun, die Redaktion könne ja zurückrufen, hier ist die Nummer. Endlich ist die Identitätsfrage geklärt. Volker Braun verlangt, daß seine Erklärung, die durch die Genossin Ragwitz übermittelt worden sei, aus dem Blatt genommen wird. Erscheine sie morgen, sähe er sich gezwungen, am Westfernsehen zu dementieren. Bei ADN wird ihm gesagt, die Meldung sei bereits über den Ticker gegangen; man werde eine Korrektur aussenden.

Christa Wolf warnt: Macht ihm keine Vorwürfe, er muß das selber mit sich ausmachen.

Hermlin berichtet, daß auf seine, Hermlins, diesbezügliche Frage Honecker versichert habe, daß ab morgen die Pressekampagne eingestellt werde; es würden keine weiteren Erklärungen veröffentlicht werden.

Schließlich habe er, Hermlin, Honecker einen Vorschlag Jurek Beckers übermittelt. Becker, der ja mit Biermann befreundet sei, habe sich erboten, nach Westdeutschland zu fahren und dort mit Biermann zu besprechen, was dieser eventuell tun könne, um es der Regierung zu ermöglichen, den Ausbürgerungsbeschluß zurückzunehmen. Honecker habe geantwortet, er habe nichts gegen eine Westdeutschlandreise Beckers einzuwenden, halte aber, wie bereits gesagt, die Möglichkeit für minimal, daß die Regierung ihre Maßnahme zurückziehe.

Becker bestätigt, daß der Genosse Hager, mit dem er nach 15 Uhr in derselben Sache gesprochen habe, ihm einen ganz ähnlichen Bescheid erteilt hat. Man bleibe also offensichtlich bei der Ausbürgerung Biermanns, könne vielleicht auch gar nicht mehr zurück, nachdem man die Ja-Sager seitenweise habe aufmarschieren lassen, und wolle wohl auch keine Vermittlung. Seine, Beckers, Reise sei damit unnötig geworden.

Man spricht noch ein Weilchen miteinander. Im Grunde weiß niemand, wie es weitergehen soll. Bis auf Cremer und Volker Braun ist keiner der Erstunterzeichner des Briefs zurückgewichen, über hundert zusätzliche Unterschriften von Künstlern und Wissenschaftlern sollen hinzugekommen sein, keiner hier hat eine vollständige Liste, noch weiß man, wie die einzelnen ihre Unterschriften publik gemacht haben und ob nicht noch weitere Listen im Umlauf sind, von denen man keine Kenntnis hat.

Andererseits ist der Apparat nun in Bewegung gesetzt und läuft. Wie hat Biermann gedichtet? *Das geht seinen sozialistischen Gang.* Für morgen nachmittag ist eine Versammlung der Parteigruppe des Berliner Schriftstellerverbands angesetzt. Hermlin, Christa und Gerhard Wolf, Kunert, Sarah Kirsch, Volker Braun, Becker, sämtlich Parteimitglieder, werden hingehen.

[69] Auf der Fahrt nach Hause. Die dunkle Stadt. Der erleuchtete leere Alexanderplatz.

Natürlich könnte man sagen: ein Sturm im Wasserglas. Was ist das schon, Ausweisung eines Liedersängers aus einem kleinen Lande, ein Dutzend Schriftsteller protestieren, darauf zentral gelenkte Hysterie auf ein paar Zeitungsseiten, die morgen schon vergessen sein werden. Man kann es aber auch als Teil einer größeren Entwicklung sehen, die mit dem Zwanzigsten Parteitag in Moskau begann und die, wenn kein Krieg kommt, zu einer echten Demokratisierung des Sozialismus führen mag.

Inge sagt: Den Prominenten werden sie schon nichts tun. Aber um die Kleinen, die Unbekannten ist mir angst.

DIENSTAG, 23. NOVEMBER 1976

[70]   Dokument

berlin fal/tf 21/19 22 1625
stefan heym
tagorestr 9
(ddr-118) berlin
fall juergen fuchs beim militaerstaatsanwalt glaessner hermann maternstr 32–34 sprechstunde dienstag 9–18 uhr
andreas mytze

[71]   Herrn Mytze kenne ich flüchtig – er war einmal bei
mir, ein junger Mann, der Interviews mit sozialistischen
Schriftstellern zu machen sucht, um sie in seiner Zeitschrift,
»europäische ideen« genannt, abzudrucken.
Was soll das Telegramm, von dem Mytze doch wissen
muß, daß es an anderer Stelle mitgelesen wird? Ist es überhaupt von ihm, und wenn ja, meint er, ich werde daraufhin
beim Militärstaatsanwalt aufkreuzen? Will er eine Verbindung konstruieren, zum Nutz und Frommen der verschiedenen Geheimdienste, zwischen mir und dem verhafteten Jürgen Fuchs, den ich gar nicht kenne? Sollen hier, für eine
spätere Gelegenheit, Beweise hergestellt werden, daß ich im
Auftrag von Weststellen handle?

Das Ganze riecht nach Provokation.

[72] Polizeiwache Grünau. Ein brusthohes Holzgitter trennt das Publikum von den Amtspersonen.

Das Publikum bin ich. Eine Amtsperson im Range eines Oberwachtmeisters sitzt in der Nähe des Fensters hinter einer neuen Schreibmaschine und tippt lustlos mit zwei Fingern. Die zweite Amtsperson, mit den Schulterstücken eines Leutnants, nähert sich mir.

Ich stelle mich vor und bitte ihn, den Genossen von der Abteilung »K«, Kriminalpolizei, zu rufen.

Er: Ist nicht da.

Wann der Genosse wohl zurückkommen werde?

Er: Weiß ich nicht.

Dann möge er das Telegramm, bei dem es sich wahrscheinlich um eine Provokation handle, gegen Empfangsbescheinigung entgegennehmen und dem Genossen von der Abteilung »K« übergeben.

Er nimmt das Telegramm zwischen zwei Finger, als könne es ihn anstecken. Dann: Wer ist Fuchs? Wer ist Mytze?

Dies sei zu kompliziert, um es ihm zu erklären; der Genosse von der »K« werde es schon wissen oder könne es leicht genug in Erfahrung bringen.

Er: Moment mal.

Er ist durch eine Seitentür verschwunden. Ich warte. Nach zwei Minuten ist er wieder da.

Er: Wir können das nicht prüfen.

Er solle es auch gar nicht prüfen, das sei nicht seine Angelegenheit; er solle es nur dem Genossen von der Abteilung »K« übergeben, sobald der käme.

Er: Moment mal.

Ob er mir nicht, bevor er wieder verschwinde, einen Stuhl verschaffen könne zum Hinsetzen.

85

Er, zu der Amtsperson an der Schreibmaschine: Gib dem Bürger einen Stuhl.

Ich warte. Die Amtsperson an der Schreibmaschine steckt sich eine Zigarette an. Dann kommen Anrufe, zwei sogar gleichzeitig. Offensichtlich handelt es sich um wichtige Vorgänge, die dem Publikum geheim bleiben sollen, die Sprache ist verschlüsselt, dem Normalbürger unverständlich. Dann ist wieder Ruhe.

Ob er vielleicht seinen verschwundenen Kollegen anrufen und ihm mitteilen könne, ich hätte heute auch noch zu arbeiten.

Die Amtsperson wählt eine Nummer, spricht: Der Bürger sagt, er hätte heute auch noch zu arbeiten.

Nach etwa einer Viertelstunde kehrt die Amtsperson mit den Schulterstücken eines Leutnants zurück.

Er: Wir haben das geprüft. Wir wollen das nicht.

Nicht einmal weiterleiten wollen Sie es an die zuständigen Stellen?

Er: Ich hab's Ihnen doch gesagt.

Ich nehme das Telegramm wieder mit. Immerhin habe ich zwei Amtspersonen als Zeugen dafür, daß ich versucht habe, es der Kriminalpolizei zu übergeben.

[73] Neues Deutschland vom 23. November 1976.

Auf keiner der acht Seiten des Blattes auch nur ein Wort über Biermann, die Ausbürgerung, den Brief der Schriftsteller: keine Erklärungen, keine Stellungnahmen, nichts.

Der »normative Zwang des Faktischen«, von dem der Genosse Eberhard Heinrich von der Agitationskommission höflich bedauernd sprach, reagiert also auf einen Knopfdruck.

Anders die Menschen.

[74]   Vor der Tür ein fremder junger Mann, in der Hand einen Blumenstrauß. Er sei Pfarrer; nennt Namen und Gemeinde.

Und die Blumen?

Die seien für mich.

Aber wieso denn. Das sei doch nun wirklich unnötig.

Er handle aber im Sinne vieler andrer junger Leute auch.

Schließlich nehme ich die Blumen, bedanke mich, verabschiede ihn. Dann fällt mir ein: nicht mal ins Haus hast du ihn gebeten. Ich rufe an bei ihm, entschuldige mich: die Überraschung, ich habe nichts getan, das Dank verdiente, und sei auf seine schöne Geste nicht gefaßt gewesen. Er sagt, er habe Verständnis.

[75]   Abends die Jankas, Walter und Lotte.

[76]   Walter und Lotte Janka
Ihn lernte ich durch Erich Wendt kennen, Wendt war damals Chef des Aufbau-Verlags, Janka sein Vertreter. Später übernahm Janka den Verlag. Sein Lebenslauf: Zuchthaus bei den Nazis; dann Spanien, Bataillonskommandeur der Volksarmee dort, dann französisches Internierungslager; dann Emigration in Mexiko; dann Rückkehr in den Teil Deutschlands, der später Deutsche Demokratische Republik heißen sollte, Partei- und andere Funktionen; Ende 1956 verhaftet, Untersuchungshaft bei der Staatssicherheit, schließlich Prozeß, das Belastungsmaterial gegen ihn stammt von Wolfgang Harich; verurteilt zu langjähriger Zuchthausstrafe als Teilnehmer an einer Verschwörung, die nie existiert hat; fünf Jahre Bautzen; schließlich freigelassen, später rehabilitiert, wieder in die Partei aufgenommen; dann Dramaturg bei der DEFA; jetzt pensioniert. Ein vorbildlicher Kommunist, klug, bescheiden, unkorrumpierbar.

87

Lotte – ohne sie hätte er nicht überlebt.

[77]   Dezember 1965
Wenige Tage nach dem 11. Plenum.

Besuch Jankas bei mir, für mich überraschend; ich hatte Janka aus dem Auge verloren, da ich ihn nur flüchtig und die Hintergründe seines Prozesses gar nicht kannte. Er ist, deutet er an, noch nicht lange frei; seine Gesundheit lasse zu wünschen übrig, die Jahre in Bautzen haben ihm nicht gutgetan.

Was ihn denn herführe.

Er habe die Reden der Genossen Honecker und Sindermann im Neuen Deutschland gelesen. Er wolle mir ein paar Tips geben.

Tips? – wofür?

Wie man überlebt, in der Untersuchungshaft, im Zuchthaus.

Ob er wirklich glaube, daß meine Lage so ernst sei.

Es werde wieder von Gruppen gesprochen, von der Gruppe Havemann-Biermann-Heym: die Sprache der Prozesse.

Ich höre mir seine Ratschläge an. Es läuft mir kalt über den Rücken.

[78]   Dokument
Aus der Rede des Genossen Honecker auf dem 11. Plenum, veröffentlicht im Neuen Deutschland vom 16. Dezember 1965:

... Werktätige haben in Briefen gegen Stefan Heym Stellung genommen, weil er zu den ständigen negativen Kritikern der Verhältnisse in der DDR gehört. Er ist offensichtlich nicht bereit, Ratschläge, die ihm mehrfach gegeben worden sind, zu beachten. Er benutzt sein Auftreten in

Westdeutschland zur Propagierung seines Romans »Der Tag X«, der wegen seiner völlig falschen Darstellung der Ereignisse des 17. Juni 1953 von den zuständigen Stellen nicht zugelassen werden konnte. Er schreibt Artikel für im Westen erscheinende Zeitschriften und Zeitungen, in denen er das Leben in der Sowjetunion und in der DDR falsch darstellt. Er gibt vor, nur der Wahrheit das Wort zu reden, womit er aber die westlich orientierte »Wahrheit« meint. Die »Wahrheit«, die er verkündet, ist die Behauptung, daß nicht die Arbeiterklasse, sondern nur die Schriftsteller und Wissenschaftler zur Führung der neuen Gesellschaft berufen seien...

[79]   Gemeinsames Abendessen
Ich erinnere Janka an seinen Besuch damals; seine Ratschläge seien mir immer noch im Gedächtnis; inzwischen gebe es ja auch eine erhebliche Literatur zu dem Thema. Was er von der Möglichkeit von Verhaftungen halte, von Prozessen gar.

Im Jahre 1976?

Warum nicht? Die Stalinschen Lösungen waren immer die einfachsten.

Nein, sagt er, die Prominenten werden sie nicht verhaften. Das werden sie nicht wagen.

Schrieb schon Büchner, sage ich. Danton: Sie werden es nicht wagen. Und wenn sie es doch für notwendig erachten? Zwölf Schriftsteller, die nein gesagt haben, ein so hörbares Nein...

[80]   1965, ein Dezembertag, 6 Uhr morgens.

Energisches Läuten an der Haustür. Ich werfe mir den Schlafrock über, eile die Treppen hinunter, öffne. Es ist, wie erwartet, nicht der Milchmann. Es sind zwei Herren, korrekt gekleidet.

»Herr Heym?« Sie treten ins Haus. »Eine Vorladung.«

Ein Wisch wird mir vorgelegt. Um 7 Uhr habe ich mich im Innenministerium einzufinden, beim Minister.

»Darf ich mir das behalten?«

»Nein. Geben Sie das zurück.«

Ich rasiere mich, ziehe mich an, stelle fest, daß meine Knie nicht zittern. Ich verabschiede mich von meiner Frau, meiner ersten. Sie ist äußerlich ruhig, aber ich sehe, der Besuch hat sie verschreckt. »I'll be back soon«, sage ich.

»I hope so«, sagt sie.

Im Ministerium. Zwei Polizeioffiziere nehmen mich in die Mitte, führen mich über Treppen, Gänge, über die Seufzerbrücke, die die vierten Stockwerke der beiden großen Gebäude in der Glinkastraße verbindet, in ein großes Vorzimmer, in dem an einem langen Tisch weitere Offiziere sitzen. Dann öffnet sich eine Tür. Ich bin im Allerheiligsten.

Ein enormer Schreibtisch, diagonal übers Eck gestellt, dahinter ein Sitzriese, langer Schädel, hageres Gesicht.

Ich stelle mich höflich vor und wünsche guten Morgen.

Er reagiert nicht.

»Darf ich fragen, mit wem ich die Ehre habe?«

»Was, Sie kennen Ihren Minister nicht?« Er ist ehrlich empört, knurrt: »Dickel.«

Ich hätte das Vergnügen seiner Bekanntschaft noch nicht gehabt, entschuldige ich mich und blicke mich nach einem Stuhl um. Er sieht mißgelaunt zu, wie ich mir einen Stuhl heranzerre. Dann zieht er eine Schublade in seinem Schreibtisch auf und liest von einem Papier in dieser Schublade einen offensichtlich vorbereiteten Text ab: ich hätte in gedruckter und anderer Form, im Inland wie im Ausland, mich abfällig über die Republik und den Sozialismus geäußert und diese so verleumdet –

Ich unterbreche ihn. Seine Behauptung entspräche nicht

90

den Tatsachen, und woher er seine nachweislich falsche Information habe.

Er blickt wieder in seine Schublade und fängt noch einmal von vorn an: ich hätte in gedruckter und anderer Form und so weiter bis verleumdet – und nun, er hebt die Stimme, erteile ich Ihnen hiermit die Auflage, von solchen Äußerungen, im Inland wie im Ausland, ein für allemal Abstand zu nehmen.

Ich warte. Das ist alles? Schließlich erwidere ich, daß es mir um so leichter falle, seine Auflage zu erfüllen, als ich auch bis dato weder in gedruckter noch in anderer Form, und weder im Inland noch im Ausland, Äußerungen der von ihm bemängelten Art von mir gegeben oder verbreitet hätte.

»Ich habe Ihnen nichts mehr zu sagen!« Seine Hand weist in Richtung der Tür.

Draußen auf dem teppichbelegten Gang, kurz vor der Seufzerbrücke, begegnet mir Wolf Biermann, ebenso wie ich eskortiert von zwei Polizeioffizieren. Wir nicken einander zu.

[81]   Jurek Becker kommt mit Rieke, seiner Frau.

Es ist schon spät. Inge und Rieke gehen in die Küche, um noch etwas zum Essen zu machen. Die Parteiversammlung des Schriftstellerverbandes, erzählt Becker, hat länger gedauert als vorgesehen, und sie ist noch nicht zu Ende, am kommenden Freitag soll sie fortgesetzt werden, Dutzende noch haben sich zu Wort gemeldet und wollen ihren Spruch sagen.

Welchen Spruch?

Ach... Er winkt ab. Der Mann mit dem wilden schwarzen Haar und dem schwarzen Bart und den schwarzfunkelnden Augen, der so herrlich lacht und so herrlich jüdelt, wirkt müde und deprimiert.

[82]   Jurek Becker

Er war zwei Jahre alt, als er in das Ghetto von Lodz kam.
1944 verschleppten sie ihn in das Konzentrationslager Ravensbrück, da war er noch nicht sechs. Von Ravensbrück
kam er nach Sachsenhausen.

Das alles hat er überlebt. Er ist in der DDR groß geworden.
Hier hat er gelernt, die Menschen zu sehen. Hier hat er seine
Bücher geschrieben, Jakob der Lügner, Der Boxer, nach-
denkliche, tragische Bücher, in denen doch auch Humor
steckt.

Da ihm Unrecht geschehen ist, ist er gegen Unrecht.

[83]   Die Genossen hätten pflichtgemäß Stellung genommen, einer nach dem anderen, dieser mit mehr, jener mit
weniger Pathos und Überzeugung; bei einigen habe man
sogar einen gewissen Haß gespürt gegen die Namhaften, die
Erfolgreicheren. Objektiv ehrlich, manche, sicher. Und die
Partei, die Partei hat doch immer recht, oder?

Die alte Anna Seghers sei aufgestanden und habe gesagt,
man möge doch bei ihm, Becker, in Betracht ziehen, wie
talentiert er sei. Es habe ihr kaum einer zugehört. Hermlin
habe sehr ruhig gesprochen. Die Ausbürgerung Biermanns
sei nach wie vor ein politischer Fehler, aber auch er, Hermlin,
möge vielleicht einen Fehler begangen haben, als er die Erklärung der Schriftsteller an Agence France Presse gab.

Das Feuer sei sichtlich auf ihn, Becker, konzentriert gewesen. Der Genosse Roland Bauer am Vorstandstisch, Mitglied
der Bezirksleitung, habe einen Zettel aus der Tasche gezogen
und eine komplette Liste der Telephongespräche vorgelesen,
die er, Becker, in den letzten Tagen geführt habe, darunter
auch solche mit Biermann. Er, Becker, hätte Biermann In-
struktionen gegeben. Der Genosse Hans-Joachim Hoffmann
am Vorstandstisch, Minister für Kultur, habe ein Stück aus

dem »Spiegel« zitiert, das er, Becker, nicht gekannt habe und das ihn schwer belastete. So sei das gemacht worden. Er habe sich gefühlt, als bildeten sich plötzlich Quaddeln auf seiner Haut.

[84] Dokument
Aus der westdeutschen Zeitschrift »Der Spiegel«, Nr. 48, vom 22. November 1976.

In Jena sammelten sich Studenten um den Schriftsteller Jurek Becker, Mitverfasser des Appells der Dreizehn, und legten spontan eine neue Protestliste auf. Sie zogen vor die Tore der Zeiss-Werke und sammelten mehrere hundert Arbeiterunterschriften.

[85] Ich: Und hast du nicht protestiert?
Becker, angewidert: In der Versammlung? Die wußten doch, daß ich nach meiner Lesung in Jena direkt ins Hotel gegangen bin und mich schlafen gelegt habe. Die Staatssicherheit war doch die ganze Zeit da.
Ich: Moment mal, hier ist ja noch etwas sehr Interessantes.

[86] Aus derselben Nummer des »Spiegel«, vom 22. November 1976:
. . . als es (das SED-Politbüro) sich Anfang Oktober aus gegebenem Anlaß mit dem unbequemen Sänger befaßte . . . die Spitzenfunktionäre erwogen zwei Alternativen. Variante eins: Biermann könnte wegen Staatsverleumdung angeklagt und verurteilt, die Strafe aber zur Bewährung ausgesetzt werden. Variante zwei: Der Protestsänger müsse für immer das Land verlassen. Die Parteiführer entschieden sich für die zweite Möglichkeit . . . Kaum hatte der Ostberliner . . . seinen ersten spektakulären Auftritt hinter sich, faßte das Politbüro am Dienstagmorgen letzter Woche einmütig den Beschluß,

93

Biermann noch am selben Tage den Ausbürgerungsbescheid zuzustellen... Schon erinnern sich nachdenklichere SED-Mitglieder an Erfahrungen, die ihre Nachbarländer machen mußten... 1956 in Ungarn, 1968 in der Tschechoslowakei... Sowjetdiplomaten sehen die Ursache dieser heiklen Lage in der Konzeptionslosigkeit des Partei- und Staatschefs Erich Honecker. »Die Parteilinie schlingert«, kritisierte einer von ihnen in der vergangenen Woche, und: die Biermann-Ausweisung sei eine grobe Ungeschicklichkeit.

[87] Wir blicken uns an.

Wann sprach Honecker mit Hermlin? Am Montag, dem 22. November. An diesem Montag machte der Genosse Honecker seinem Genossen Hermlin die vertrauliche Mitteilung, daß man im Politbüro zwei Möglichkeiten in Betracht gezogen habe, Strafverfolgung Biermanns oder Ausweisung, und daß er, Honecker, eingedenk der eigenen Zuchthauserfahrung, für Ausweisung plädiert und sich knapp durchgesetzt habe. Das war aber derselbe Montag, an dem die Nummer 48 des »Spiegel« sich bereits in den westdeutschen Zeitungskiosken befand. Folglich mußten die Informationen über diese Interna des Politbüros und über die Haltung der Sowjets der Redaktion des »Spiegel« bereits vorher zugespielt worden sein: spätestens am 18. November, dem Donnerstag vor dem Gespräch Honecker–Hermlin, da die Nummer 48 am Freitag, dem 19. November, Redaktionsschluß hatte.

Auf einmal wird allen, die hier am Tisch sitzen, klar, daß es längst nicht mehr um einen frechen Liedersänger geht oder um ein Dutzend protestierender Schriftsteller. Wir sind sehr kleine Figuren auf einem sehr großen Schachbrett.

MITTWOCH, 24. NOVEMBER 1976

[88]   Ein Anruf, kurz nach zehn Uhr morgens. Eine Frau
spricht, die Stimme ist leise, aber eindringlich.

Herr Heym?

Wer sind Sie denn?

Das tut nichts zur Sache. Hören Sie gut zu. Heute, Mittwoch nacht, zwischen zwölf und ein Uhr, und dann wieder
Freitag nacht, ist ein Großalarm angesetzt für alle Polizei-
kräfte und für die Kader der Parteiinstitutionen.

Ich verstehe Sie so schlecht. Wer sind Sie bitte? Woher
rufen Sie an?

So hören Sie doch zu! Mittwoch nacht und wieder Freitag
nacht, Großalarm, Polizei und Parteikader, sagen Sie das
auch Herrn Professor Havemann.

Hallo? – Hallo!...

Die Stimme ist verstummt, das Telephon tot.

[89]   Heute abend habe ich eine Lesung. Ja, tatsächlich, das
gibt es auch noch. 19.30 Uhr, Schloß, Köpenick; Veranstalter Pädagogenklub; Lehrergewerkschaft, Kreis Köpenick,
verantwortlich ein Herr Kronberg. Mein Sohn, stellt sich
heraus, kennt Herrn Kronberg; Herr Kronberg ist Musikleh-
rer an der Oberschule in Grünau.

Ich rufe bei Herrn Kronberg an. Ob die Lesung auch

95

stattfinde heute abend, frage ich. Er tut erstaunt, vielleicht ist er es sogar. Natürlich findet die Lesung statt, warum nicht?

Vielleicht, sage ich, sollten wir uns vorher noch einmal besprechen.

Wir verabreden uns für den zeitigen Nachmittag.

[90]   Herr Kronberg kommt nicht allein. Er bringt einen Herrn Milz mit, einen jüngeren, recht gescheit aussehenden Mann, früher war er Chemielehrer, jetzt vertritt er die Gewerkschaft.

Herr Kronberg ist etwas nervös. Absagen, wieso denn? Es handle sich um eine geschlossene Veranstaltung, Pädagogen des Kreises Köpenick und deren Ehefrauen, in dem schönen Barocksaal des Schlosses, mit Pianomusik vorher und nachher, Mozart. Was ich denn zu lesen gedenke?

Märchen.

Schon veröffentlicht?

Ganz neu. Deshalb möchte ich sie ja gerade lesen und gerade vor Pädagogen. Ihre Meinung hören.

An Auseinandersetzungen sei ich nicht interessiert, sage ich, nicht in diesem Kreise. Allerdings könne ich Fragen nicht ausweichen, sollten Fragen gestellt werden.

Herr Milz meint, es werde nicht zu Auseinandersetzungen kommen. Herr Kronberg sagt, er möchte auch über mein Buch »Reise ins Land der unbegrenzten Möglichkeiten« sprechen.

Diese »Reise« war ein Bericht über die Sowjetunion, 1954 veröffentlicht. Herr Kronberg hat das Büchlein aufbewahrt.

Bitte sehr, sage ich, wir können über alles sprechen.

[91]   Die Fenster des Saals sind erleuchtet, widerspiegeln sich im dunklen Fluß.

Ein hölzernes Brücklein, das über einen schmalen Kanal

führt, dann der Schloßhof. Im Schloß tragen sich die Besucher in ein Buch ein. Alles geht sehr ruhig vor sich. Herr Kronberg begrüßt Inge und mich, führt uns in den Saal, wo kein Stuhl mehr frei, die Leute sind sehr still. Die Putten an der Decke heben die fetten Beinchen, lächeln lüstern. Herr Kronberg hat einen Barocktisch hinstellen lassen, mit Lampe, an dem ich lesen werde. Auf dem Fußboden ein Wassertopf mit zwei noch eingepackten Blumensträußen, den größeren für mich, den kleineren für den Pianisten.

Dieser, Herr Puchelt, beginnt zu spielen. Ich träume. Ich sehe die Herren und Damen in weißgepuderten Perücken, die Herren in Seidenfräcken und weißen Strümpfen, die Damen in Krinolinenröcken, das Dekolleté gewährt tiefe Einblicke, die Gavotte wird getanzt, die kristallenen Lüster funkeln.

Vorbei. Ich lese meine Märchen.

Danach Diskussion. Ob überhaupt Märchen noch eine für heute geeignete Kunstart. Was uns denn das lehre. Wie ich denn dazu gekommen sei. Eine junge Frau, selber Lehrerin, steht auf und verwahrt sich gegen das Lehrerhafte der Diskussion. So könne man Literatur doch nicht betrachten. Dann ein anderer, zum König-David-Bericht, da seien doch sehr viele Materialstudien notwendig gewesen, oder? Schließlich Herr Kronberg: »Reise ins Land der unbegrenzten Möglichkeiten«, wie ich denn dazu gekommen sei.

Ich spreche vom 17. Juni 1953, dem Eingreifen der sowjetischen Panzer, den Ressentiments bei den deutschen Arbeitern, ihren Fragen, ihren Zweifeln, der Notwendigkeit, einmal Antwort zu geben. Da sei ich also in mehrere Betriebe gegangen und habe mir einfach die Fragen notiert, die die Arbeiter mir zu dem Thema stellten, und dann in die Sowjetunion gefahren, um mir die Antworten zu verschaffen. Leider sei das Buch, vor dem 20. Parteitag geschrieben, nicht in allen Punkten der Wahrheit entsprechend. Zum Beispiel hätte ich erklärt: Straflager, das gäbe es nicht. Das war die Antwort, die ich im Justizministerium der Sowjetunion erhielt, auf meine direkte Frage. Offensichtlich sei ich belogen worden.

Ende der Diskussion. Herr Kronberg bedankt sich. Dann wieder Mozart.

Danach wird der Barocktisch umlagert. Man hat Bücher mitgebracht, die ich signieren soll. Man drückt mir die Hand. Zwei Studenten, einer flüstert: Biermann, was können wir tun? Ich winke ab.

[92]   Der Entstörwagen MF-13-22 steht immer noch mitten auf dem Fahrweg am Rande des Waldes. Seit ich ihn am vergangenen Donnerstag zum ersten Mal bemerkte, bin ich jeden Abend hingegangen: irgendwann muß doch einer drin sein. Das Standlicht brennt nicht mehr; entweder ist es abgestellt worden oder die Batterie hat sich entleert.

Vielleicht sehe ich Gespenster.

DONNERSTAG, 25. NOVEMBER 1976

[93] Volker Brauns Widerruf, den er vor drei Tagen, am
Montag, in Gegenwart fast aller Unterzeichner der ursprünglichen Erklärung in langen Telephongesprächen mit den Re-
daktionen der ADN, des Neuen Deutschland und der Berliner Zeitung ausdrücklich zurückzog, ist heute nun doch im
Neuen Deutschland erschienen, ergänzt durch eine Einleitung, die sich gegen die westlichen Kommentatoren wendet,
und einen schönen Schlußsatz, der davon spricht, daß die
Politik des VIII. und IX. Parteitags die Arbeit der Schriftsteller beflügelt hat und ihre Hoffnung bleibt.

Interessanter sind zwei andere Erklärungen, die das Neue
Deutschland für wichtig genug hält, um sie neben der von
Volker Braun auf der Kulturseite zu veröffentlichen.

[94] Dokument

Dieter Noll
...Nachdem mir Vorgeschichte, Hintergründe und Zusammenhänge der Affaire B. zur Kenntnis gelangt sind, stimme
ich den mit Notwendigkeit gegen B. getroffenen staatlichen
Maßnahmen ohne Vorbehalt zu.

Kürbiskern, Zeitschrift für Literatur, Kritik, Klassenkampf (Düsseldorf)

... Sie reden und reden von Revolution, vom Sozialismus, von der Arbeiterklasse und bereiten in Wirklichkeit den Boden vor für die Beseitigung der Machtorgane der Arbeiterklasse... Der Export der Konterrevolution, der auch mit Biermanns Hilfe und Unterstützung betrieben werden soll...

[95] Vorgeschichte, Hintergründe, Zusammenhänge, Boden vorbereiten, Beseitigung der Machtorgane, Export der Konterrevolution – wie vertraut das klingt! Es ist das Vokabular Wyschinskijs, des Anklägers in den Moskauer Schauprozessen, und die Anklage lautete immer auf Verschwörung.

Sind dies die ersten Anzeichen? Plant da jemand Prozesse? Gegen wen?

Die Unruhe.

Dieses Stück Vergangenheit ist, trotz Chruschtschow, noch lange nicht bewältigt, der Schoß ist fruchtbar noch, aus dem das kroch, und wo ist die Demokratie, die sozialistische, die verhindern könnte, daß es wieder auskriecht?

[96] Als wir später am Tage bei Hermlin sind, erwähnt er, daß es ja nicht das erste Mal ist, daß er ein Parteiverfahren hatte; damals, vor dreizehn Jahren, saßen Abusch, Rodenberg und Kurella, die drei Eisheiligen, über ihn zu Gericht, weil er allerhand aufmüpfige junge Lyrik, darunter auch Verse von Biermann, in den Hallen der Akademie einem höchst interessierten Publikum vorführte. Auch der Gedanke der Ausbürgerung sei ja nichts Neues; vor zehn Jahren bedrohte ihn einer der Mächtigen in der unmittelbaren Umgebung Ulbrichts damit, und diesem habe er gesagt: Dann werdet ihr an der Mauer endlich mal einen von vorn erschie-

ßen müssen. Jetzt befinde er, Hermlin, sich in der letzten Etappe seines Lebens, und ihm liege vor allem daran, daß er sich morgens beim Rasieren selber ins Gesicht blicken könne.

Später Christa Wolf und ihr Mann Gerhard, und Günter Kunert und seine Marianne, auch sie getrieben von innerer Unruhe, denn morgen, beim zweiten Teil der Parteiversammlung, sind sie an der Reihe zu sprechen.

Kunert hat eine Erklärung vorbereitet, zur Sache, unnachgiebig. Er wird von den Hindernissen sprechen, die man seiner Arbeit in den Weg gelegt hat, von seinen Filmen, die man unterdrückt, seinen Manuskripten, die man nicht veröffentlicht hat. Und er wird den Genossen Roland Bauer, den Bezirkssekretär der Partei für Kultur, der da morgen zu Gericht sitzen wird, daran erinnern, was der ihm vor nicht allzu langer Zeit gesagt hat: Havemann kann die DDR nicht kaputtmachen, Heym kann die DDR nicht kaputtmachen, Kunert kann die DDR nicht kaputtmachen, aber wir können Kunert kaputtmachen.

Auch Christa Wolf hat den Entwurf einer Erklärung bei sich. Er ist länger, im Ton besinnlich, und darin steht, daß sie nicht anders handeln konnte, als sie gehandelt hat.

Später erzählt sie von dem Traum, den sie letzte Nacht gehabt hat. Sie träumte, sie steht wieder vor den Genossen, aber diesmal stammelt sie nicht und ist nicht verwirrt von den Zwischenrufen, wie es ihr auf dem 11. Plenum geschah, sondern sie läßt sich nicht einschüchtern und spricht und sagt ihre Meinung, besonders dem einen, der sie seit Jahren schon quält und verfolgt.

Als ich dann aufwachte, sagt sie, fühlte ich mich erleichtert und wie befreit.

FREITAG, 26. NOVEMBER 1976

[97]   Man muß trotzdem arbeiten.

Aber es ist schwierig. Zur Stunde tagen sie in der Stadt. Hundert zu zehn – so ungefähr wird das Verhältnis sein. Unschwer zu analysieren, was in den Köpfen der hundert vorgeht: da sind ein paar aufgestanden und haben gewagt, in aller Öffentlichkeit zu sprechen, und haben die hundert mit ihrem eigenen Opportunismus, ihrem kleinkarierten, konfrontiert. Also wird nun, im Windschatten der Obrigkeit, laut protestiert: was sind wir doch für rechtlich denkende, vorwärtsblickende, staatstreue Revolutionäre! Und um so lauter, als man die Sündenböcke, auf die man sich stürzen kann, parteiamtlich geliefert bekommt.

Außerdem belastet mich die Erinnerung an den anonymen Anruf von neulich, Großalarm, Polizei, Parteikader, Mittwoch nacht, Freitag nacht. Heute, Freitag, nach der Parteiversammlung der Schriftsteller und der Aburteilung der Unterzeichner, nun der zweite Schritt, logisch wär's.

Inge hat den Wagen genommen und ist zu Rieke Becker gefahren, die jetzt allein zu Haus sitzt und darauf wartet, daß ihr Jurek von der Versammlung kommt; ich werde später mit der Straßenbahn hinfahren, inzwischen kann ich vielleicht noch ein paar Seiten schreiben.

Das verfluchte Telephon.

Wer? Nicht zu verstehen. Stade? Ah, ja, Martin Stade.

Stade hat einen sehr schönen Roman geschrieben über den Professor Gundling, den Hofintellektuellen jenes scheußlichen Friedrich Wilhelm I., den der König an seinen Tabakskollegien teilnehmen ließ, wofür Gundling dann zur Zielscheibe der rohen Witze der Hohenzollernschen Generäle und zum Narren des Königs gemacht wurde, ein bitteres Buch, Gott helfe uns, sind wir nicht immer noch die Narren der Könige, auch und gerade wenn wir ihren Tabak rauchen dürfen? Woher er denn anrufe?

Von außerhalb Berlins. Ich wisse doch, er hat sich da ein verfallenes Bauernhaus gekauft auf dem Lande, das will er jetzt ausbauen.

Ja, ich habe davon gehört.

Aber nicht darum rufe er an. Ob ich denn nicht gehört habe.

Was gehört habe?

Havemann ist verhaftet. Verhaftet und nach Fürstenwalde verbracht. Er, Stade, möchte wissen, was er und noch einige, die bei ihm seien, jetzt tun könnten.

Will er von mir wissen. Am Telephon. Der Entstörwagen steht immer noch auf dem Waldweg; das Telephon wird schon seit langem abgehört, es gibt da Hinweise. Havemann, verhaftet. Also doch. Großalarm, heute nacht. Lieber Stade, ich kann Ihnen da wirklich keinen Rat geben. Verstehen Sie?

Er scheint zu verstehen.

Nein, das ist keine Panik. Ich bin sehr ruhig, der Puls schlägt normal, das Gehirn arbeitet präzise, auch in den Kniekehlen, wo sich die Angstschwäche am deutlichsten zeigt, keine Spur des bekannten Wattegefühls. Ich gehe zum Schrank, hole die bauchige alte Aktenmappe heraus, packe: Hemd, Unterwäsche, Toilettenartikel, Hausschuhe, Pyja-

103

mas, das letzte Manuskript, dazugehörige Notizen, Kugelschreiber, Reservebrille. In fünf Minuten bin ich fertig. Der Junge ist noch in der Schule. Ich schreibe ihm einen Zettel, er soll sich Abendbrot machen, die Katze füttern, im übrigen auf seine Mutter warten. Dann lösche ich die Lichter, schließe das Haus ab.

Die Straßenbahn. Wie ich die Gegend, die da vorbeischaukelt, kenne – die Kaufhalle, das Zementwerk, die Spreebrücke, die verwinkelten Straßen Alt-Köpenicks. Am Bahnhof muß ich umsteigen. Ich blicke hinauf zum Bahnsteig. Ein Fernzug rollt Richtung Oder.

[98] März 1933
Bahnhof Köpenick, Bahnsteig. Ein junger Mann, er ist Student, wartet auf den Zug nach Breslau. Er trägt einen Frühjahrsmantel, Straßenschuhe, in der Hand einen Rucksack.

Er ist auf der Flucht. Zu Hause in Chemnitz haben sie seinen Vater verhaftet, als Geisel. Sein kleiner Bruder ist nach Berlin gekommen, ihn zu warnen; Mutter läßt ausrichten, er soll sehen, wie er außer Landes kommt, ihm, dem Jungen, wollen sie ans Leben, des bösen Gedichtes wegen, das er geschrieben hat gegen die Generale.

Der Zug kommt. Köpenick ist ein Vorortbahnhof, da sind die Kontrollen nicht so dicht. Der junge Mann blickt sich um, kein Polizist, kein SA-Mann zu sehen. Er steigt rasch ins Abteil. Er will bis Hirschberg fahren, die Gegend kennt er, von Hirschberg führt ein Weg zum Gebirgskamm, zur Spindlerbaude, die Grenze läuft mitten durch die Baude, die Männertoilette ist schon auf tschechischem Boden.

[99] Gelbe schwankende Straßenbahn, die Nummer stimmt, Anschluß nach Mahlsdorf. Ich finde einen Sitz.

So leicht war das damals noch, 1933, über die Grenze.

104

Später haben die Nazis ihre Grenzen dann dichter gemacht. Wir haben das perfektioniert.

Ich beabsichtige ja auch keineswegs, außer Landes zu gehen. Ich will nur vermeiden, zu Hause zu sein, wenn sie an der Tür klingeln. Zeit gewonnen, manches gewonnen. Ein estnischer Kollege erzählte mir, als die letzte Stalinsche Verhaftungswelle dort anlief, fuhr er, vorgewarnt, nach Moskau und blieb eine Woche bei Freunden. Dann kam er zurück nach Riga, die Aktion war vorbei, keiner kümmerte sich mehr um ihn.

Nun leben wir allerdings in Preußen, einem weniger großzügigen Land. Aber Bürokratie ist Bürokratie.

[100] Inge und Rieke sitzen in der Küche. Ich stelle meine Aktenmappe in der Garderobe ab, sie fällt nicht auf. Jurek Becker, erfahre ich, ist immer noch nicht nach Hause gekommen.

Ich weiß nicht, wie ich beginnen soll. Schließlich sage ich, ich hätte da einen merkwürdigen Anruf bekommen, von Martin Stade, Stade hatte gehört, Havemann wäre verhaftet. Die Frauen wissen bereits. Man hat ihn nach Fürstenwalde gebracht, sagt Rieke, und dann wieder nach Grünheide, zurück in sein Haus; dort sei er nun unter Hausarrest.

Ich versuche, mir vorzustellen: das Haus in Grünheide, davor die auf und ab marschierenden Posten, und in dem Zimmer mit den durchgesessenen Lehnstühlen der Gefangene; was tut er, wenn ihm der Kognak ausgeht? Absurd, das Ganze. In den Bananenrepubliken, jetzt heißen sie dritte Welt, stellt man die abgesetzten Diktatoren, so sie nicht auf der Stelle erschossen werden, unter Hausarrest, denn der neue Mann weiß nie, ob er dieselbe milde Behandlung nicht auch eines Tages in Anspruch nehmen möchte.

Aber hier, in dieser Deutschen Demokratischen Republik?

Immerhin, Hausarrest ist wesentlich angenehmer als das Gefängnis in Fürstenwalde, falls es dort eines gibt.

Die Tür.

Jurek Becker ist da.

Der Parteiversammlung zweiter Teil sei im ganzen weniger deprimierend gewesen als der erste am vergangenen Dienstag, vielleicht, weil man schon gewußt habe, was zu erwarten war.

Gerhard Wolf habe die Abwesenheit seiner Frau Christa entschuldigt: sie hätte gestern auf der Straße einen Herzanfall erlitten und müsse auf Anweisung des Arztes das Bett hüten. Darauf Gelächter der Genossen. Gerhard Wolf habe dann eine Erklärung Christas verlesen, in der sie begründete, warum sie den Brief der Dreizehn unterschrieb.

Auch Kunert habe seine Erklärung verlesen, mit fester Stimme, obwohl er bleich ausgesehen und der Schweiß ihm auf der Stirn gestanden habe. Kurz danach sei ihm unwohl geworden, er habe sich nach Hause begeben müssen.

Stephan Hermlin habe nur sehr kurz gesprochen. Es gäbe nur eine Öffentlichkeit und diese hätte man erreichen müssen. Er hätte nichts zu bereuen.

Hoffmann, der Kulturminister, habe ihm ins Gewissen geredet: Stephan, du mit deinen besonderen Beziehungen zum Genossen Honecker – du hast dem Erich zwei Stunden gegeben!

Dann sei es zur Abstimmung über die von der Parteileitung vorgelegte Resolution gekommen. Zum ersten Mal in der Geschichte der Parteiorganisation des Schriftstellerverbandes habe es Gegenstimmen und Stimmenthaltungen gegeben.

Später Manfred Krug und der Filmregisseur Frank Beyer. Beide haben den ganzen Tag gedreht.

Beyer macht sich Sorgen. Adameck, der Intendant des

Fernsehens, hat ihm gesagt: Frank, du willst doch nicht der letzte sein, der widerruft, oder? Frank Beyer kann nicht vergessen, daß er schon nach dem 11. Plenum jahrelang keine Filme machen durfte. Wie sagte doch der Genosse Lamberz? Keine Repressalien. Der Genosse Adameck war dabei, er muß es gehört haben.

Manfred Krug berichtet aus seiner Gefängniszeit. Er hat einmal vier Tage gesessen.

[101] Es war einmal.

Krug in der Straßenbahn, nachts, er kommt von der Arbeit, ist todmüde, er weiß, er wird einschlafen. Er bittet den Schaffner, ihn kurz vor der Haltestelle, wo er aussteigen muß, zu wecken. Der Schaffner vergißt prompt. Krug wacht an der Endstation auf.

Krug fährt also mit derselben Bahn wieder zurück. Der Schaffner will wieder 20 Pfennig kassieren. Krug weigert sich, der Schaffner ist schuld, daß er die zweite Fahrt antreten mußte. Der Schaffner besteht darauf: ohne Fahrschein keine Fahrt. Streit. Beide werden tätlich. Die Bahn hält, der Fahrer, die Schaffner der andern beiden Wagen. Krugs Personalien werden festgestellt, er wird an die Luft gesetzt, kann über das nasse weite Feld zu Fuß nach Haus laufen.

Jetzt kommen die Zahlungsaufforderungen. Fünf Mark Strafgebühr, plus Mahnkosten, wegen Benutzung der Bahn ohne Fahrschein. Hohnlachen Krugs. Die Strafgebühr wird auf zehn Mark erhöht, plus Mahnkosten. Lauteres Hohnlachen. Dann zwanzig Mark, plus Kosten, im Weigerungsfall vier Tage Gefängnis. Krug weigert sich, Geld kriegen die nicht von ihm.

Dann kommt der Strafbefehl: an dem und dem Tag habe er sich in der Keibelstraße einzufinden, in sauber gewaschenem Zustand, mit Zahnbürste. Die Zelle ist nicht groß, aber mit sechzehn Mann belegt. Der Neue wird befragt: was hat er ausgefressen. Krug weiß, wenn er sagt, Straßenbahnfahrschein, vier Tage Knast, lachen die sich schief und er ist erledigt. Also berichtet er, er hat da ein Ding gedreht im Westen, damals war noch offen, 100 000 Mark, er und seine Ische, aber das Geld haben die Bullen nicht gekriegt, er sitzt seine Jahre ab, die Kleine hat nur ein Jahr bekommen, drüben, und wenn er seins abgesessen hat, dann nichts wie rüber, dann macht er ein Taxiunternehmen auf, lauter Mercedeswagen. Die staunen. Er ist der Größte.

Aber die Zelle stinkt. Das klebrige Gefängnisbrot erzeugt Blähungen, und die Brüder lassen sich gehen. Außerdem läßt die Kulturarbeit zu wünschen übrig. Krug schlägt vor: ihr hört auf zu furzen, ich erzähl euch Geschichten.

Geschichten erzählen kann er. Alle lauschen gespannt. Da geht die Tür auf: der Wärter. Die Gefangenen springen auf, stehen stramm, einer meldet: Zelle Nummer soundso, belegt mit soundsoviel Mann, Gefangener Nummer soundso. Krug ist sitzen geblieben.

Und Sie?

Das sehen Sie doch.

Der Wärter belehrt ihn.

Krug bleibt sitzen.

Bei der nächsten Visite bleibt er wieder sitzen. Er kommt in Einzelhaft.

Jetzt nimmt das Spiel Formen an. Die Wärter wissen ja nicht, daß er nur vier Tage Haft hat, und nach den Gefängnisregeln, die an der Wand der Zelle hängen, muß er es ihnen nicht sagen. Sie glauben, sie haben einen renitenten Burschen vor sich, den sie hübsch lange erziehen können. Sie kommen abwechselnd in die Zelle, verlangen Meldung. Er antwortet stereotyp: Die Nummer steht draußen an der Tür; daß ich allein bin, sehen Sie ja. Sie piesacken ihn, er frustriert sie. Am

108

dritten Tag bringen sie ihn in den Bunker im Keller der Keibelstraße, ein Loch ohne Licht, man kann sich nicht hinsetzen, Fraß kaum noch.

Er hat in vier Tagen den ganzen Strafvollzug kennengelernt, von oben bis unten. Als der staunende Wärter ihn aus dem Bunker holen und zur Entlassung bringen muß, fragt er ihn: Warum haben Sie das bloß gemacht?

Krug antwortet nicht.

[102]   Lachen. Die Stimmung hat sich verändert, Krug ist ein wunderbarer Gaukler.

Inge nickt mir zu: Fahren wir, es ist Zeit.

Wir ziehen die Mäntel an, bedanken uns. Gut, daß ihr gekommen seid, sagt Rieke. Wir Männer umarmen uns wie russische Generäle, fehlt nur noch, daß wir einander auf die Wange küssen.

Im Wagen dann blickt Inge mich fragend an – sie kennt die Adresse, die wir für den Notfall haben.

Nach Hause, sage ich.

Es ist halb zwei Uhr morgens. Die Birkenstämme schimmern im Mondlicht.

Jawohl, der Entstörwagen MF 13-22 steht immer noch auf seinem Fleck, ein dunkler Kasten, unbeleuchtet.

SONNABEND, 27. NOVEMBER 1976

[103]   Dokument

Aus dem Neuen Deutschland vom 27. November 1976:
Entschließung der Parteiorganisation
der Berliner Schriftsteller

Berlin (ADN). Am Freitag fand eine Mitgliederversammlung
der SED-Parteiorganisation des Bezirksverbandes Berlin des
Schriftstellerverbandes der DDR statt, auf welcher nachfol-
gende Entschließung angenommmen wurde. Für die Entschließung stimmten 110 Genossen, dagegen stimmten 6
Genossen, 4 enthielten sich der Stimme.

Entschließung
Die Mitglieder der Parteiorganisation der Berliner Schrift-
steller erklären entschieden ihre Verbundenheit mit ihrem
sozialistischen Vaterland, der Deutschen Demokratischen
Republik. Wir stehen hinter den Beschlüssen des VIII. und
IX. Parteitages unserer Sozialistischen Einheitspartei
Deutschlands. Wir bekunden nach ausführlicher, offener
und prinzipieller Diskussion in unserer Mitgliederversamm-
lung unsere volle Zustimmung zu der Entscheidung, Wolf
Biermann wegen seines feindseligen Auftretens gegen die
DDR und wegen grober Verletzung der staatsbürgerlichen

110

Pflichten die Erlaubnis zum Aufenthalt in unserem Land zu entziehen und ihm die Staatsbürgerschaft der DDR abzuerkennen. Zugleich protestieren wir gegen die Hetzkampagne, die von der BRD aus gegen die Deutsche Demokratische Republik und gegen das bewährte Bündnis der Arbeiterklasse, der Genossenschaftsbauern und der Intelligenz in unserem Staat entfacht wurde. Wir wehren uns gegen jegliche Einmischung in die inneren Angelegenheiten der DDR.

Wir haben das Verhalten der Mitglieder unserer Parteiorganisation Jurek Becker, Volker Braun, Stephan Hermlin, Sarah Kirsch, Günter Kunert, Christa Wolf, Gerhard Wolf sowie Reimar Gilsenbach und Karl-Heinz Jakobs, die sich in Sachen Biermann an imperialistische Nachrichtenagenturen gewandt und damit objektiv der antikommunistischen Hetze unserer Gegner gedient haben, prinzipiell kritisiert und verurteilt. Wir haben sie aufgefordert, ihr unparteimäßiges Verhalten zu revidieren.

Wir werden alles tun, um die vom IX. Parteitag beschlossene gute und zielklare Politik auf allen Gebieten verwirklichen zu helfen und unseren Beitrag zur Durchführung der Kulturpolitik der Partei zu leisten.

[104] Jetzt, mit dieser Resolution als Muster, werden die Mühlen zu mahlen beginnen.

Herr Reimar Berthold, ein junger Graphiker, den ich flüchtig kenne, mit Frau und kleinem Kind an der Tür. Sie sind spazierengegangen am See, der Besuch war ein plötzlicher Entschluß, oder nicht gar so plötzlich, Herr Berthold hat ein Problem, das er mit mir besprechen möchte: am Montag werden sie ihn sich vornehmen.

Vornehmen?

Ja. In seinem Betrieb, wie in vielen anderen, besonders solchen, wo Intellektuelle arbeiten, werden die Leute zusammengerufen und müssen Erklärungen abgeben, Verdammung Biermanns und der Schriftsteller, die ihren Brief den westlichen Medien gaben, Beifall für die Aktion der Behörden, Treuebekenntnis zu Partei, Staat, VIII. und IX. Parteitag.

Aber habe er denn irgend etwas unterschrieben? Eine Protesterklärung etwa?

Nein, keineswegs.

Und trotzdem?

Trotzdem. Und er weiß nicht, wie er sich verhalten und was er sagen soll. Er sei ja nicht allein, er arbeite in einer Gruppe, und die Kollegen achteten ihn, er sei eine Art Vorbild für sie, er könne doch nicht gegen seine Überzeugung...

Was soll ich ihm raten? Da sitzt die Frau mit dem kleinen Kind, eben haben sie eine Wohnung erhalten, sie müssen sich einrichten, sie haben noch viele Jahre vor sich, seine Laufbahn mag davon abhängen, was er am Montag erklärt.

Vielleicht übertreibe ich. Vielleicht übertreibt auch er. Aber die Qualen sind trotzdem echt. Und all diese hochnotpeinlichen Verhöre, diese Gewissensprüfungen wegen eines ihm völlig fremden Menschen.

[105]   Tagesschau der ARD, 20.00 Uhr.

Die Fernsehkameras an der Ecke der kleinen Straße in Grünheide. Die Straße ist versperrt durch zwei geparkte Lastkraftwagen. Mehrere Polizisten in grüner Winteruniform. Sperrzeichen: roter Ring um weißes Feld.

Polizeioffizier auf die Kamera zu: Hier ist Sperrgebiet der Volkspolizei, hier darf keiner durch, habe ich mich klargemacht?

Frage: Aber ohne Kamera, ohne Ausrüstung, können wir zu Herrn Havemann?

Polizeioffizier: Hier ist Sperrgebiet der Volkspolizei...

Eine Hand, schwarz, riesig, auf die Kamera zu.
Stimme: Faß die Kamera nicht an!
Wieder die Polizisten. Einige haben Arbeitergesichter.
Was geht in ihren Köpfen vor?

[106] Der Streß beginnt sich auszuwirken. Wir können
nicht schlafen.
Wir stehen auf, ziehen uns wieder an, fahren in die Stadt,
besuchen Klaus Schlesinger und seine Frau, Bettina Wegner.

[107] Klaus Schlesinger und Bettina Wegner
Er: heitere Augen, leise Stimme, sensibles Gesicht; er ist
noch nicht vierzig, hat aber schon graue Strähnen im dunkel-
blonden Bart. Jahrelang hat er mit Bettina und seinen Kindern in einer halben Wohnung in der Brunnenstraße gelebt,
in der andern Hälfte waren die Praxisräume eines Zahnarzts;
sein Buch »Hotel oder Hospital«, seine Szenarien »Alte
Filme«, »Ikarus« hat er in der einen Ecke des Wohnzimmers
geschrieben, während das Kleinste in der andern Ecke
spielte; Bettina Wegner, macht Lieder und singt auf Veran-
staltungen, auch außerhalb, dann muß er sich um alles kümmern. Jetzt haben sie die neue große Wohnung in einem
Neubau in der Leipziger Straße bekommen, dafür hat er nun
die Mietsorgen, 350 Mark im Monat bei unsicherem Ein-
kommen, aber er hat einen Raum, in dem er arbeiten kann.
Warum er bei den Offiziellen im Geruch der Rebellion
steht, weiß der Teufel, vielleicht weil er öfters eigene Meinungen hat und diese ausspricht, vielleicht weil er, über
Bettina, Verbindungen hat zu irgendwelchen Beat-Gruppen,
vielleicht auch weil er, zusammen mit Ulrich Plenzdorf, die
unmögliche Idee hatte, eine Anthologie zusammenzustellen,
bei der die teilnehmenden Autoren als Kollektiv auch die
Redaktion machen sollten, was höherenorts den Verdacht

wachrief, hier versuchten welche, einen eigenen Verlag, einen selbständigen Autorenverlag, zu gründen.

[108] Sie freuen sich, daß wir gekommen sind. Das ist eine Nebenwirkung dieser Affäre: Früher war man viel mehr allein mit seinen Sorgen, seinen Gedanken, jetzt besucht man sich, spricht sich aus, stellt fest, daß es doch eine ganze Anzahl »dufter Kerle« gibt, Schlesingers Ausdruck.

Die beiden sind so besorgt wie wir. Der offizielle Spruch hieß: Keine Repressalien. Aber die Repressalien haben schon angefangen, Entlassungen beim Fernsehen. Und was wird mit den Verträgen, mit den Engagements? Was, wenn Schlesingers Bücher nicht mehr erscheinen, seine Filmideen abgelehnt werden, sein Kleist-Film nicht gedreht wird? Was, wenn die Bettina nicht mehr auftreten darf? Das ist dann keine Order von oben, das ergibt sich so, ich kenne das, mit mir hat man das Spiel lange Jahre getrieben, der Verlag hat leider einfach kein Papier für deinen Roman.

Aber Bettina hat Glück. Eben hat sie ein paar tausend Mark Nachzahlung erhalten für einen Text, den sie irgendwann für eine Beat-Gruppe geschrieben hat. Die Platte wurde zum »Schlager des Jahres« gekürt.

Sie wohnen in der Leipziger Straße. Vom Balkon aus sieht man, in weißes Scheinwerferlicht getaucht, die elegante Schlangenlinie der Mauer.

Irgendein Amerikaner hat, für vieles Geld, einen langen Zaun aus Plastikfolie durch die Dünen der kalifornischen Wüste gezogen, nur um das zu photographieren, ein Kunstwerk auch dies.

Die Plastikfolie ist längst zerrissen im Wind und verweht.

SONNTAG, 28. NOVEMBER 1976

[109] Waldspaziergang.

Das Wetter ist einigermaßen erfreulich. Leute sind unterwegs mit ihren Kindern, streben der Waldkneipe zu, die den schönen Namen »Hanff's Ruh« trägt. Im Sommer sitzt man dort unter riesigen Bäumen, ein bißchen Altberliner Atmosphäre, jetzt sind Tische und Stühle in den Schuppen gestellt, aber in dem alten Holzhäuschen kann man auch jetzt ein Bier trinken und eine Kleinigkeit essen.

Der Entstörwagen MF 13-22, mitten auf dem Weg nach Hanff's Ruh abgestellt, steht immer noch da, als gehörte er zur Landschaft.

MONTAG, 29. NOVEMBER 1976

[110]   Besuch ist gekommen: Herr Dr. Rogge und Herr Dr.
Hafer von der Evangelischen Forschungsakademie.

Herr Dr. Rogge, sehr soigniert, sehr leise, ist der Direktor
dieser Institution, Herr Dr. Hafer, der einen elegant gestutz-
ten Schifferbart trägt, ihr Rechtsberater. Die Herren sind in
großer Verlegenheit, sagen sie, ich möchte doch bitte Verständnis haben.

Aber ja doch, vor mir brauchten sie sich nicht zu genieren,
die Herren kämen wohl wegen der Lesung, die ich bei ihnen
Anfang Januar durchführen soll, und möchten mir schonend
beibringen, daß sie mich ausladen müssen?

Rebus extantibus, sagt Herr Dr. Rogge und freut sich über
das so ausgezeichnet passende lateinische Wort, rebus extantibus, aber dies gehe durchaus nicht gegen mich persönlich,
vielmehr habe man, da die Akademie stets mehrere Vorträge
zu einem gegebenen Thema, einen Zyklus sozusagen, ab-
halte, habe also der Rat der Akademie beschlossen, die ganze
Januartagung, die dem Thema Literatur der DDR gewidmet
sein sollte, abzusagen. Nein, versichert Herr Dr. Rogge, dies
sei keineswegs auf Druck irgendeiner staatlichen Stelle hin
entschieden worden oder auf Anraten einer Instanz der Partei, man sei da völlig unabhängig. Aber die Erfahrung besage,
daß die Diskussionen der Akademie, es kämen da Akademi-

116

ker aller möglichen Sparten zusammen, Naturwissenschaftler, Vertreter schöngeistiger Fächer und so weiter, doch stets recht offen geführt werden, und man wolle, rebus extantibus, eine Kollision mit Behörden und Polizei, an der natürlich niemand interessiert sei, doch tunlichst vermeiden.

Ich erkläre, wie leid es mir tue, daß nicht nur meine Lesung nun nicht stattfinden könne, was sich zur Not verschmerzen ließe, sondern daß die gesamte Tagung ins Wasser fallen mußte.

Herr Dr. Hafer bedauert dies auch, aber man könne ja kaum über die Literatur der DDR sprechen, ohne des einen oder anderen Unterzeichners des Protestbriefs Erwähnung zu tun, und schon sei man mitten in der Kontroverse. Nicht daß man in der Akademie Angst habe vor Kontroversen, aber diese enthalte zur Zeit doch ein wenig zuviel Sprengstoff, und da man gewiß sein könne, daß Berichterstatter gewisser Behörden sich einfinden würden, und da man doch Professoren und Doktoren und anderen gebildeten Leuten, die gewohnt seien, in diesem Kreise offen zu sprechen, dies nicht verbieten könne – ich verstünde.

Ich lächle freundlich. Auch Herr Dr. Rogge und Herr Dr. Hafer lächeln. Das ganze Gespräch wurde lächelnd geführt.

[111]   Telephongespräche
Mit dem Leiter meines DDR-Verlags:

Wie stehen wir mit meinen Auflagen für 1977? Kommen sie heraus?

Bisher haben wir noch nichts Gegenteiliges gehört.

Mit dem Schriftstellerverband:

Wie ist das mit der Mitgliederversammlung? Findet die wie geplant am 2. Dezember statt?

Haben Sie denn keinen Bescheid erhalten, Herr Heym?

Ich erhalte kaum noch Post dieser Tage. Also die Versammlung findet nicht statt?

Nein.

Wieso nicht?

Die Analysen sind noch nicht fertiggestellt.

Und wissen Sie wann die Analysen fertig sein werden?

Nein.

[112]   Professor Beltz, zurückgekehrt aus Halle.

Dort hätten, hat er von Kollegen erfahren, recht lebhafte Diskussionen stattgefunden unter Studenten; man hätte Losungen für Biermann mit dem Finger an die schmutzigen Fenster der Hallenser Straßenbahn geschrieben und, so beschriftet, seien die Wagen bis nach Merseburg gefahren.

Er, Beltz, habe von der Universitätsbehörde eine Rüge erhalten, weil er seinen Brief mit den juristischen Ausführungen zum Falle Biermann direkt an den Innenminister sandte und nicht über den Dienstweg, via Sektionsleiter und Rektor; die Rüge sei jedoch versüßt worden durch ein ebenso offiziell ausgesprochenes Lob, weil er den Brief an den Innenminister und nicht an ein westliches Medium gehen ließ. In der anschließenden Unterredung wurde er gefragt, ob er denn kein Vertrauen habe in den Gerechtigkeitssinn der Regierung. Ein ungesetzlicher Schritt, habe er geantwortet, ziehe mit Notwendigkeit andere nach sich, und wenn wir da nicht unsere Stimme erhöben, befänden wir uns bald wieder in der guten alten Stalinzeit.

Beltz muß zu Frau und Kindern. Ich bringe ihn im Wagen nach Hause und fahre, da Jurek Becker in der Nähe wohnt, bei diesem vorbei.

Ich störe ihn durchaus nicht, da er zu sehr unter Druck steht, um arbeiten zu können, und in diesen Tagen ist es gut, wenn man nicht allein ist.

Er will von einer internen Instruktion erfahren haben, derzufolge gegen die ursprünglichen Unterzeichner des Briefs keine Repressalien angewandt werden sollen.

Aber gegen die, die ihren Namen später hinzufügten, ja?

Natürlich werden Repressalien kommen, gegen alle, was hat der Genosse Bauer auf der Parteiversammlung der Schriftsteller gesagt, wir werden keinen Petöfiklub dulden, Repressalien fein dosiert, gezielt und individuell zugeschnitten, man muß die Leute treffen, wo sie verwundbar sind.

Aber das sage ich Jurek nicht; er wird es noch früh genug erfahren.

DIENSTAG, 30. NOVEMBER 1976

[113]   Eine aufgeregte Frau ruft an, aus Magdeburg. Sie sei
Schauspielerin. Ob ich ihren Brief nicht erhalten habe.

Nein, sage ich, ihr Brief sei nicht angekommen.

Ob sie mich vielleicht besuchen könne, wenn sie in Berlin
ist. Sie käme öfter nach Berlin, beruflich. Sie brauche unbedingt meinen Rat.

Aber gewiß, sage ich, kommen Sie, aber sagen Sie mir
vorher Bescheid.

Man muß das Haus offenhalten in solcher Zeit. Natürlich
kommen auch Leute, die sich interessant machen möchten,
Neurotiker aller Art, vielleicht sogar Abgesandte der Staatssicherheit. Aber auch Menschen, denen man helfen muß.

[114]   Kennzeichen D, Sendung des Zweiten Deutschen
Fernsehens. Dirk Sager, der Korrespondent, gibt eine ausge-
wogene, ruhige Darstellung der ganzen Affäre, die Liste der
Unterzeichner, mit Photos, soweit verfügbar, die Gegener-
klärungen im Neuen Deutschland.

Nützlich, das alles einmal in der Sequenz zu sehen; wer es
täglich miterlebt, neigt dazu, die Perspektive zu verlieren.
Aber was ist die Perspektive?

[115]   Wieder die Anrufe.

Ein Mann, ich kann nur den Vornamen verstehen, Peter, er erklärt seine Sympathie, will wissen, was er tun kann, um zu helfen. Ich antworte unverbindlich. Dann stelle ich das Telephon ab.

[116]   Inge zeigt mir Texte, die sie geschrieben hat; manche sind schon Jahre alt, andere stammen aus diesen Tagen.

Einer, vom September 1976, lautet:

Unsere Gesichter sind gezeichnet
vom Altern
nur davon
nicht von Leidenschaften
nicht von durchstandenen Kämpfen
wir leben dem Sterben zu
ohne gelebt zu haben.
Ihr habt die Revolution auf den Lippen
nicht im Herzen
In den Herzen Asche –
singt der Dichter
dessen Wort totgeschwiegen wird.
Aber seine Lieder
gesungen in den vier Wänden
verlassen das Land
und kommen zurück
über die Grenze.
Wir hören sie in den Wänden
ohne Echo
denn auch das Echo verfolgt ihr.

Und das war schon im September!
Ich trinke ihr zu.

MITTWOCH, 1. DEZEMBER 1976

[117]   Wie hat doch der Genosse Adameck gesagt? In drei Wochen ist der ganze Biermann vergessen.

Er mag recht behalten. In den hiesigen Medien ist die Sache, die vor kurzem noch ganze Seiten füllte, gestorben. Im Westen sind neue Themen aktuell, CDU gegen CSU, und im übrigen, hört man, wurden die Westkorrespondenten ins Außenministerium gebeten, wo man ihnen klarmachte, daß weitere Fahrten ihrerseits nach Grünheide und Versuche, mit Havemann in Verbindung zu kommen, als Einmischung in die inneren Angelegenheiten der DDR betrachtet werden würden.

Unter der Oberfläche, in den Institutionen, geht das Kesseltreiben weiter.

[118]   Besuch eines Korrespondenten, dieser heißt Tim Nater, er vertritt die amerikanische »Newsweek« in Bonn, nun ist er, auf den Spuren der Ereignisse, nach Ostberlin gekommen. Er ist ein noch junger Mann, sieht aus, als käme er frisch vom College, obwohl er, wie er sagt, für diese, die auflagenstärkste, amerikanische Wochenzeitschrift schon seit Jahren arbeitet.

Er stellt die Klischeefragen: ob ich irgendwelche Zusammenhänge der Biermann-Affäre mit der erhöhten Zahl von

122

Ausreiseanträgen sehe? Ob die Maßnahme als Teil einer allgemeinen Verhärtung der Innenpolitik der Republik zu betrachten sei? Ob die Dissidenten –

Ich unterbreche ihn. Es gibt keine Dissidenten bei uns in dem im Westen gebräuchlichen Sinne, selbst Biermann sei alles andere als ein Solschenizyn, und die Schriftsteller gar, die den Protestbrief unterzeichneten, seien sämtlich *für* die Republik, *für* den Sozialismus. Was seine übrigen Fragen betrifft, so könnte ich da nur Vermutungen äußern, die für niemanden von Wert seien.

Aus allem, was er sagt, geht hervor, wie wenig man in den USA über die Deutsche Demokratische Republik weiß. Er gesteht es auch zu: die Berichterstattung sei geringfügig und oberflächlich. In den Köpfen vieler seiner Leser sei West Germany und German Democratic Republic, des »Democratic« wegen, ein und dasselbe gewesen, erst die Olympiade von Montreal habe eine eigene Identität für die so häufig siegreiche GDR geschaffen.

Ich versuche, ihm wenigstens das Atmosphärische klarzumachen. Ich erinnere ihn an die McCarthy-Zeit in den USA, als Intellektuelle vor Ausschüsse des Kongresses zitiert und dort verhört wurden; als Schriftsteller, Schauspieler, Regisseure Loyalitätserklärungen unterschreiben mußten und ihre Arbeit verloren, wenn sie sich weigerten, dies zu tun, und zehn von ihnen, die ihre kommunistischen Freunde nicht denunzieren wollten, dafür ins Gefängnis wanderten.

Er kann sich nicht entsinnen. Er ist zu jung.

FREITAG, 3. DEZEMBER 1976

[119]   Noch ein Problemkind.

Dieser erscheint ohne vorherige Anmeldung, steht einfach vor der Haustür und überbringt mir eine Seite Text, wir schließen uns der Erklärung der Schriftsteller an und so weiter, mit seiner Unterschrift darauf und der von fünf anderen Kommilitonen. Ja, er sei Student, der Psychologie nämlich, und diese Unterschriften seien freiwillig erfolgt, und ich solle damit tun, was ich für gut halte.

Dies, nach all der Kampagne, nach den Seiten im Neuen Deutschland . . .

Ich bitte ihn ins Haus, lasse ihn reden. Er ist keineswegs scheu. Er findet sich sehr interessant, seine Wanderungen und Wandlungen. Sein Vater, Schullehrer von Beruf, habe versucht, ihm »die Realitäten des Lebens« beizubringen; er aber, aus Opposition gegen die Heuchelei des Alten, der doch in der Schule ganz anders sprach als zu Haus, habe nun die Partei, die Ideale des Sozialismus, aus vollem Herzen gewählt und habe sogar auch Berichte geliefert für die Staatssicherheit, was zu weiteren Konflikten mit seinem Vater führte, ja, zu Tätlichkeiten.

Nein, nun arbeite er nicht mehr für die Staatssicherheit, was ich denn dächte!

Er spricht von seiner Armeezeit. Auf drei Jahre hatte er

124

sich verpflichtet, aber er brachte es fertig, nach anderthalb Jahren schon entlassen zu werden, krankheitshalber, deutet er an. Noch weniger genau wird sein Bericht, wenn er erzählt, wie es ihm gelang, sich aus dem Apparat der Staatssicherheit zu lösen, erfahrungsgemäß kein leichtes Unterfangen.

Vielleicht stimmt alles, was er erzählt, und er ist einer von jenen, die ihr Leben dem nächstbesten Schriftsteller empfehlen, gewöhnlich mit den Worten: Das wäre ein Roman für Sie! Vielleicht aber ist alles auch ganz anders, und er hat undurchsichtige Motive.

Ich verabschiede ihn.

Dann verbrenne ich seine Liste.

[120]   Bei Beckers.

Max Frisch ist da. Die Spannungen, unter denen wir leben, scheinen ihn nicht zu berühren, obwohl er sie bemerkt und sich bemüht, zu verstehen. Er kommt aus einer anderen Welt, sein Sensorium ist anders eingestellt als unseres, dazu hat er diese innere Heiterkeit und – fast möchte man es so nennen – Naivität. Ein Mann, mit dem man Pferde stehlen gehen könnte, nur weiß er nicht, wo unsere Pferde stehen und daß unsere Pferde überhaupt ganz andere Wesen sind als die Pferde, die er kennt.

Wir reden über die Entwicklung, die bis zu diesem Punkt geführt hat, und spekulieren, wie es weitergehen könnte, so oder so, immer gibt es zwei Möglichkeiten, es ist fast wie ein Gesellschaftsspiel, bei dem als unsichtbare Partner die Ölscheichs teilnehmen, oder der Genosse Hua Kuo-feng, oder der greise Tito. Frisch möchte wissen, wie er uns helfen kann, wie die Kollegen drüben uns helfen können, und es stellt sich heraus, daß konkret kaum etwas zu tun ist, denn der Druck, der auf die Menschen ausgeübt wird, ist schwer greifbar, ein paar verständnisvoll mahnende Worte hier, du wirst doch

125

nicht etwa, ein paar peinliche Fragen dort, du willst doch nicht etwa, hinter irgendwelchen vier Wänden werden die Instrumente gezeigt, aber selbst diese Instrumente existieren nur andeutungsweise und erhalten ihre grausige Schärfe erst in den kenntnisreichen Köpfen der Inkulpierten, Daumenschrauben des Geistes, Streckbretter des Gewissens.

Frisch ist gegangen.

Gekommen sind Manfred Krug und der Filmregisseur Frank Beyer. Beide haben sie Gespräche gehabt, Beyer eines von drei Stunden, Krug gar von vier, mit dem Genossen Werner Lamberz vom Politbüro und dem Genossen Adameck, dem Intendanten des Fernsehens.

Nein, sie sind nicht in die Knie gegangen, auch die Schauspieler Müller-Stahl, Domröse, Thate nicht, die in ähnlicher Weise von anderen Leuten bearbeitet wurden.

Irgendwie erscheint es grotesk, daß ein Mitglied des Politbüros einer großen Partei, der Mann, der die Macht ausübt über sämtliche Medien des Landes, sich stundenlang mit einem Schauspieler abgibt, um dessen Seele ringt, um eine einzige kleine Unterschrift, die eine andere Unterschrift revozieren soll. Ein demokratischer Zug? Oder ist es, weil Krug eine Symbolfigur ist für die gesamte Unterhaltungsindustrie des Landes, ein Film- und Fernsehheld mit ideologischen Untertönen?

Jedenfalls habe der Genosse Lamberz, ohne mit dem Fuß zu wippen, eine fünf Schreibmaschinenseiten lange Darlegung Krugs angehört.

[121]   Dokument
Aus der Darlegung des Schauspielers Manfred Krug, den Genossen Werner Lamberz und Heinz Adameck verlesen am 3. Dezember 1976:
... ich bin als Kind im Jahre der Gründung der Republik

aus Westdeutschland nach hier gekommen, habe hier die Schulen besucht, bin hier in die Lehre gegangen, habe im Stahlwerk Brandenburg als Schmelzer gearbeitet, als dort erst ein paar Öfen standen. Bis zum Bau der Mauer konnte ich täglich beweisen, daß ich in diesem Lande leben und arbeiten will, und bis dahin lebte ich sehr schlecht. Jetzt kann ich es nur noch sagen und darauf vertrauen, daß man es mir glaubt, denn jetzt lebe ich sehr gut.

Ich habe oft bedauert, parteilos zu sein, denn ich erhielt viele Informationen dadurch nur aus zweiter Hand und konnte nur einzelnen Genossen gegenüber meine oft kontroverse Meinung vortragen. Freunde von mir, Genossen, haben Parteiverfahren und Parteiausschlüsse solcher Meinungen wegen erlebt; ich konnte von daher hochrechnen, wie es mir in der Partei ergangen sein würde. Heute sagen viele Genossen, man möge sich die Statuten ansehen, dann wisse man, wie mit Becker, Wolf, Kunert und anderen zu verfahren sei.

Wolf Biermann habe ich zwei Jahre weder gesehen noch gesprochen. Ich war mittlerweile zu feige, ihn zu besuchen... Für mich ist Biermann zwar der unverschämteste, aber auch der begabteste Mann, der in deutscher Sprache singt und schreibt. Etliche Jahre später wird der Kommunismus häßliche Eigenschaften, die heute noch als unumgänglich erachtet werden, längst abgelegt haben, dann werden die Leute einige Namen der heute Mächtigen vor allem aus Biermann-Liedern kennen.

Von denen, die gegen die Veröffentlichung unserer Petition in der DDR-Presse sind, erfahre ich, daß es in Polen und selbst im eigenen Land gerade jetzt Pläne zur Vorbereitung konterrevolutionärer Aktionen gibt. Ich habe die Westpresse nicht abonniert, mir ist diese Information neu. Sollen die Rausschmeißer sich gefälligst einen anderen Zeitpunkt zum Rausschmiß auswählen...

Noch am Abend des 17. November hätte die Regierung die Verfasser der Petition zusammenrufen können zu einem klärenden Gespräch. Man hätte auch am nächsten Morgen die Petition im ND drucken können und dazu gleich erste Stellungnahmen Andersdenkender, zum Beispiel von Sakowski, Korf-Edel usw. In Wahrheit stand ein Artikel von Dr. K. im ND, Dr. Kertzscher, höre ich, sei ehemaliges Mitglied der NSDAP und Ritterkreuzträger, auch sein akademischer Titel stamme aus der glorreichen Zeit... Aber das wußte kaum jemand im Lande. Erst als man seinen im NS-Jargon verfaßten Rausschmiß-Begleitbrief im ND las, wurde man neugierig zu wissen, wie einer an diese Sprache kommt... Ich bin erst durch das scharfe Nachwaschen von Dr. K. aufgeschreckt. Ach, so einfach ist das, dachte ich.

Ich wähle jedesmal die Kandidaten der Nationalen Front und damit die Regierung. Das gibt mir das Recht, zu protestieren, wenn ich meine, die Regierung habe meine Interessen nicht oder falsch vertreten oder wenn ich der Meinung bin, ich sei durch eine ihrer Maßnahmen sogar blamiert worden...

Das Schlimmste an allem aber ist für mich der alte Hut, Leute, unter Druck zu setzen. Ihr habt den Nationalpreis gekriegt, also widerruft und unterschreibt; denkt an eure Zukunft, denkt an eure Arbeit; es gibt Leute, die täglich in die Mangel genommen werden; es herrschen Angst und Heuchelei, übelste Verleumdung und Gerüchteerfindung; Minister Hoffmann behauptet auf einer Parteiversammlung, ich hätte Leute unter Druck gesetzt, und ich höre schon sein Lachen, wenn ich ihn wegen Verleumdung vor Gericht fordere.

Es drängt sich mir das Bild von Menschen auf, die auf einer Wippe liegen und so lange durchgedrückt werden, bis man in den Wirbeln den Knacks hören kann. Niemand kümmert sich darum, wie die sich anschließend fühlen, wie sie sich im Spiegel ansehen, wie sie mit den Freunden verkehren sollen – Hauptsache, da ist eine Unterschrift. Was sind das für Methoden? Wie lange soll das Kesseltreiben noch weitergehen...

Papperlapapp, wir sind an einem Punkt angelangt, wo Genosse Bauer vor der Creme der Nation die Telephongespräche zwischen Jurek Becker und anderen Personen vorträgt.

Ich will und muß bei den Gemaßregelten stehen und warten, bis nicht nur wir, sondern auch die andern so viel dazugelernt haben, daß wir trotz unterschiedlicher Meinungen unserer Arbeit nachgehen und gemeinsam auf ein Ziel zugehen können.

Gebt Ruhe. Hört auf, Leute zu belästigen und zu demütigen. Schaut uns nicht an, wie die Schlangen Kaninchen ansehen, es ruiniert unsere Gesundheit. Stachelt keinen falschen Kampfgeist an, hört auf, Biermann-Wut zu produzieren: unter den Wütenden könnte ein neues Talent sein.

[122]   Nachdem Krug die Blätter beiseite gelegt, habe der Genosse Lamberz gesagt: So, und nun laß uns mal reden.

Man soll die Überredungskünste eines Mitglieds des Politbüros nicht unterschätzen; ein Mann in so hoher Stellung, ist es nicht eigentlich eine Ehre, von ihm bekniet zu werden. Und was fordert der Genosse denn schon: ein kleines Eingeständnis nur, ein Irrtum ist begangen worden, das mit den westdeutschen Medien, du selbst gehörst ja auch nur zu den Verführten...

Er sei, gesteht Krug, fast weich geworden. Doch da habe er sich besonnen: die Erklärung war eine kollektive, also kann auch nur das Kollektiv sie widerrufen. Gut, habe er dem Genossen Lamberz gesagt, wenn, dann alle zusammen. Dann

rufen wir alle zusammen und reden zusammen und beschlie-
ßen zusammen, mein Freund Jurek Becker, und der, und der,
und der, alle, aber nicht ich allein, und nicht jetzt.

Da sei der Genosse Lamberz plötzlich nicht mehr so konzi-
liant gewesen, vielmehr habe er erwidert: Du willst nicht
unterschreiben, in Ordnung, dann sind auch wir nicht mehr
verantwortlich für die Folgen.

Was für Folgen, bitte?

Der Genosse Lamberz habe überlegt. Dann habe er gesagt:
Ja, wenn irgendein Kulturhausdirektor dich dann nicht mehr
singen lassen will in seinem Haus...

Krug lacht, sein enormes Lachen, tief aus der Brust heraus.
Aber das wäre doch glänzend, habe er dem Genossen Lamberz gesagt, darum ging es ja gerade, daß ein Mensch bei uns,
und sogar ein Kulturhausdirektor, eine eigene Meinung haben dürfe und nach seiner Meinung handeln – wenn der
Kulturhausdirektor mich nicht mag, braucht er mich nicht
einzuladen, bei ihm zu singen...

Dies sei der einzige Moment gewesen, wo der Genosse
Lamberz die Fassung verlor. Aber wir haben doch eine ein-
heitliche Kulturpolitik, habe er schließlich ausgerufen.

Also sind sie doch verantwortlich, und zwar für jeder Art
Folgen.

[123]   Wald, nachts. Noch einmal frische Luft schnappen
gehen.

Der Entstörwagen MF 13-22, der schon beinahe Teil der
Landschaft geworden, ist plötzlich verschwunden.

Vielleicht gehört dieses Fahrzeug auch gar nicht zu der
Geschichte. Im Leben geht es anders zu als in der Literatur,
die sich dadurch auszeichnet, daß alles miteinander im
Zusammenhang steht. Eine Katze, die zufällig über die Szene
läuft, stört; sie muß in die Handlung integriert sein.

SONNABEND, 4. DEZEMBER 1976

[124]   Keller. Zwei Monteure von der Gasgesellschaft, die, wie jedes Jahr, den Heizkessel durchprüfen und reinigen.

1. Monteur: Nee, Herr Heym, zu uns ist da keiner gekommen. Zu uns kommen sie gar nicht erst. Wir sind da nicht so beliebt.

2. Monteur: Wir sind nicht in der Partei.

1. Monteur: Aber zu Fred sind sie gekommen.

2. Monteur: Fred arbeitet in der Werkstatt. Da ist das einfacher. Wir sind ja meistens auf Tour.

1. Monteur: Da hat Fred gesagt, Biermann, wer ist Biermann? Aber du weißt doch, hat der Parteisekretär gesagt, du hast ihn doch auch gesehen. Wo denn gesehen, fragt Fred. Im Fernsehen, sagt der Parteisekretär, ging doch die halbe Nacht, oder? Ich weiß immer noch nicht, sagt ihm Fred, auf meinem Sender war das Programm um halb elf Uhr aus, und da bin ich ins Bett gegangen.

2. Monteur: Da hat der gekuckt. Richtig gekuckt hat der. Aber mit uns hat keiner geredet deswegen. Die kriegen ja auch keine richtigen Antworten. Das sowieso nicht.

[125]   Besuch bei Lothar Reher.

Er ist seiner Funktion als Abteilungsleiter im Verlag enthoben worden. Wer sich durch seine Unterschrift dem Brief der

131

Schriftsteller angeschlossen hat und sich weigert, seinen Irrtum zuzugeben und seine Unterschrift zurückzuziehen, kann
nicht »staatlicher Leiter« sein, und sei sein Posten noch so
geringfügig.

Aber Buchumschläge darf er noch machen.

SONNTAG, 5. DEZEMBER 1976

[126]   Inge fährt in die Stadt, zu Tine Biermann.

Das Haus wird immer noch von der Staatssicherheit überwacht, Beamte in Zivil, meist jüngeren Alters, stehen vorm Haus und, wenn es regnet, im Hausflur und treten nur unwillig beiseite, wenn jemand vorbeigehen muß. Im Hinterhof steht ein Polizeiwagen geparkt, mit Fahrer.

Tines Anwalt, Götz Berger, hat einen Brief an das Zentralkomitee der Partei geschrieben, in dem er begründete, daß die Ausbürgerung Biermanns nicht dem geltenden Gesetz entspräche; das Ausbürgerungsgesetz verlangt, daß der betreffende Bürger zweimal verwarnt wird und ihm sein sträfliches Verhalten und dessen Folgen klar dargelegt werden, bevor er ausgebürgert werden kann. Daraufhin wurde Rechtsanwalt Berger, alter Kommunist, Spanienkämpfer, aus der Rechtsanwaltskammer ausgeschlossen und damit der Möglichkeit beraubt, seinen Beruf auszuüben; Begründung: er habe Frau Christine Biermann veranlaßt, ihre Scheidungsklage zurückzuziehen.

Tine besucht weiter die Universität. Sie muß ihre Vorlesungen hören, ihre Seminararbeit machen, wenn sie ihren Studienplatz behalten will. Es ist wie Spießrutenlaufen. Kommilitoninnen, die sich ihr freundschaftlich nähern, ihr ein gutes Wort zukommen lassen möchten, werden von offi

133

zieller Seite verwarnt. In ihrer Seminargruppe wurde, in Tines Anwesenheit, der Fall Biermann anhand des parteiamtlichen Materials durchgehechelt; als besondere Delikatesse verlas der Referent aus der Scheidungsklage, die Tine seinerzeit einreichte und inzwischen zurückzog, den Abschnitt mit den Details über Biermanns eheliche Untreue, die Tine als Scheidungsgrund angeben mußte, da die Richter in der DDR andere Gründe im allgemeinen nicht gelten lassen.

Tine will auch nicht mehr zu ihrem Vater gehen; bei ihrem letzten Besuch im Elternhaus waren mehrere Genossen dagewesen, die sämtlich auf Tine eindrangen, sie möge sich doch endlich scheiden lassen. Die Schauspielerin Eva-Maria Hagen, mit der Biermann vor Jahren zusammenlebte und die sich jetzt freundschaftlich um Tine kümmert, wurde zum Intendanten des Fernsehens, dem Genossen Adameck, bestellt, der ihr dringend nahelegte, ihre Besuche bei Tine Biermann einzustellen. Eva-Maria weigerte sich: sie sei mit Tine befreundet. Im Theater in Frankfurt an der Oder, wo Eva-Maria zur Zeit gastiert, wurde ihr gesagt, sie dürfe wohl noch auftreten, es sei ihr aber nicht gestattet, zwischen ihren Auftritten mit Mitarbeitern des Theaters zu sprechen. Sie erlitt einen Nervenzusammenbruch.

Nina Hagen, die Tochter der Eva-Maria aus erster Ehe und junger Chansonstar der DDR, hat einen Antrag an den Innenminister gerichtet: sie wolle die DDR verlassen; zehn Jahre lang sei Biermann ihr wie ein Vater gewesen; sie könne nicht in einem Lande leben, in dem er verleumdet werde und aus dem er ausgeschlossen sei.

MONTAG, 6. DEZEMBER 1976

[127] Ein Westwagen vor der Haustür. Es steigen aus
Bernt Engelmann und seine Frau.

Engelmann ist einer der bekannten westdeutschen Schriftsteller, Bertelsmann-Autor, ein Linker; seine Bücher, in denen er das bundesdeutsche Establishment auseinander-
nimmt, haben ihm auch hier großes Ansehen eingebracht, so
daß er sogar für unser Fernsehen arbeiten darf. Er ist hier, um
mit dem Fernsehen zu verhandeln und wird, sagt er, auch
einem Mitarbeiter des Zentralkomitees, dem Genossen
Bertsch, einen Besuch abstatten. Diesem will er einiges mitteilen über die Reaktionen, welche die hiesigen Vorgänge
selbst bei gutwilligen, fortschrittlich gesinnten Leuten in der
Bundesrepublik erzeugt haben.

Ich bin gespannt.

Die DDR habe beträchtlich an Gesicht verloren, sagt er;
bis in die Kreise der sonst so DDR-hörigen DKP hinein, der
Kommunistischen Partei, hätten die Genossen gegen die
Ausweisung Biermanns Stellung genommen. Viele Schriftsteller, auch und gerade DKP-Mitglieder, hätten sich solida-
risch erklärt mit den Schriftstellern der DDR, die ihre
Stimme gegen die Ausweisung erhoben, und man sei bereit,
diese Solidarität auch durch Taten zu beweisen.

Es wäre sicher sehr gut, sage ich, wenn er das dem Genos-

135

sen Bertsch berichtete; nur möge er nicht glauben, daß das viel bewirken werde; die Situation habe sich sehr verhärtet, und möglicherweise sei das Ganze überhaupt nur die Spitze eines ungeheuren Eisbergs.

Das habe er auch schon gedacht, sagt er; seiner Meinung nach stecke dahinter der große Konflikt zwischen den Rechten in der kommunistischen Bewegung, den Neostalinisten also, und den Eurokommunisten.

Und dazu sehr viel Psychologisches, gebe ich zu bedenken, Ängste, die zurückgehen auf die Zeit nach dem Krieg und die frühen fünfziger Jahre, Gespenster, die aufsteigen aus einer langen, nie bewältigten Vergangenheit.

[128]   Nachmittags Herr Henniger.

Dieser ist nicht zu verwechseln mit dem Herrn Henniger, welcher Sekretär des Schriftstellerverbandes ist. Er sieht auch ganz anders aus, hat helle, lustige Augen, ein scharf geschnittenes Gesicht, und lacht gerne. Herr Henniger ist Cheflektor des Verlags »Der Morgen«, der eine Reihe meiner Bücher druckt.

Ich habe ihn gebeten, zu mir zu kommen; ich möchte wissen, ob er irgendwelche Anweisungen vom Ministerium erhalten hat bezüglich meiner Titel und Auflagen.

Nein, sagt er, nichts dergleichen. Auch hätten ihn keine allgemeinen Anweisungen erreicht, die auf eine Änderung der Kulturpolitik deuteten. Er hoffe, daß es auch so bleibt. Die neue, seit dem VIII. Parteitag eingeführte, etwas breitere Kulturpolitik habe viel Interessantes gebracht, junge Schriftsteller vor allem, von denen er einige in seinem Verlag veröffentlicht habe.

Aber er macht sich wohl doch Sorgen, auch wenn er es nicht sagt.

[129] Es gibt Tage, da lastet die Vorstadtstille auf einem, bis man unruhig wird und irgend jemanden anruft, und andere, da geben die Leute einander die Klinke in die Hand.

Kaum ist Henniger aufgebrochen, fährt wieder ein Wagen vor: Wolfgang Schreyer, frisch aus Kuba, mit seiner Ingrid, die ihn seit Tagen erwartet hat.

Schreyer, Spezialität südliche Länder, Abenteuer und Politik, ist einer der wenigen Erzähler hier, die es verstehen, Spannung zu schaffen; in seinen Büchern wird nicht so sehr Seelenbeschau getrieben als gelistet und gehandelt, gelegentlich auch geschossen; so ist sein Werk in den Geruch der Trivialliteratur geraten, obwohl es besser ist als so manches, worum viel Aufsehens gemacht wird. In Kuba war er jetzt, um mit Emigranten aus der Karibik zu sprechen, mißtrauischen Leuten, die Zeit brauchten, um Vertrauen zu fassen zu dem zierlichen blonden Mann.

Aber selbst bis Kuba ist das Gerücht von den merkwürdigen Entwicklungen in der DDR gedrungen; die Genossen dort haben von ihm wissen wollen, was eigentlich los sei; er konnte ihnen nur sagen, es erscheine ihm unvorstellbar, daß unsre Regierung, sonst doch vernünftige Leute, einen Mann wegen seiner Lieder des Landes verwiese; aber auf der Botschaft sei man anderer Meinung gewesen und habe bereits versucht, ihn zu vergattern.

Nun liest er den Text des Briefes, sieht die Liste der Unterzeichner, soweit vorhanden, hört von den Folgen der Sache. So, sagt er, und wo kann ich jetzt unterschreiben?

Junge, sage ich, sei froh, daß der Kelch an dir vorbeigegangen ist; du warst eben nicht hier, und keiner wird dir übelnehmen, wenn du dich jetzt zurückhältst; den Erstunterzeichnern kann man noch zugute halten, daß sie nicht wußten, in welchen Ameisenhaufen sie sich setzten, aber du weißt, was dir passieren wird, du willst Filme machen in der

137

DDR, du willst reisen können nach Südamerika, du hast eine große Familie...

Er will aber unterzeichnen, und er will seine Unterschrift zu ADN tragen und anschließend zu Reuters, wie gehabt. Er hat Grundsätze.

Ich appelliere an Ingrid, sie soll ihm zur Vernunft zureden. Sie aber sagt, sie kennt ihn, und er würde nicht zu ertragen sein, wenn er nicht auch unterzeichne, und außerdem sei sie selbst der Meinung, daß sich das so gehöre.

In die Debatte hinein, überraschend, die Engelmanns.

Er strahlt: seine Frau und er seien trotz ihrer knappen Zeit noch einmal vorbeigekommen, uns gute Nachricht zu bringen. Der Genosse Bertsch habe ihm versichert, die Partei denke überhaupt nicht an Repressalien, da könne er, Engelmann, völlig beruhigt sein. Der Genosse Bertsch habe gebeten, er, Engelmann, möge doch darauf hinwirken, im Interesse aller Beteiligten, daß drüben im Westen die Dinge mit größerer Gelassenheit betrachtet würden, je weniger Lärm, desto besser.

Und nun müsse er zurück nach Westberlin.

Ich bringe ihn und seine Frau zu ihrem Wagen, winke ihnen nach.

[130] Schadowstraße im Zentrum der Stadt, eines der neuen Gebäude dort, in denen kleinere Botschaften, Korrespondentenbüros, Vertretungen ausländischer Firmen untergebracht sind. Im Erdgeschoß dieses Gebäudes befindet sich ein Saal für diplomatische Empfänge, dort zeigt die französische Botschaft jetzt einen Film, »Mort d'un Guide«, Tod eines Bergführers.

Inge und ich sind hingegangen: kleiner Empfang hinterher findet statt; man muß sein Gesicht zeigen, gerade jetzt.

Der Film ist aufregend, ethischer Konflikt des Bergführers,

er opfert sich, stürzt in die Tiefe. Ich mag so etwas eigentlich nicht, warum müssen sie den Montblanc gerade an einer unzugänglichen Steilwand erklimmen, wenn der Gipfel auf anderem Weg sicherer zu erreichen ist, die Aussicht ist schließlich die gleiche, und man soll das Leben nur riskieren, wenn es absolut notwendig ist, man hat es nur einmal.

Ich sehe Hermlin. Wir gehen zur Bar, trinken einen *Juice*, knabbern irgendwelches Zeug. Er ist freudig erregt, fast euphorisch. Nein, es ist nicht der Film; der hat ihn nicht so sehr beeindruckt. Aber er hat für allerinternsten Parteigebrauch eine Erklärung abgegeben.

Ich habe ein ungutes Gefühl.

Die Biermann-Sache, sagt er, da habe ich kein Wort zurückgesteckt. Und ich habe die ganze Schuld auf mich genommen. Daß wir den Brief an die Agence France Presse gegeben haben. Von Reuters scheint man gar nichts gewußt zu haben, es war immer nur von AFP die Rede.

Das ist sehr edel von dir, sage ich. Aber die wissen schon, daß ich bei Reuters war. Ich habe ja auch nie ein Geheimnis daraus gemacht.

Jetzt ist alles erledigt, sagt er, Gott sei Dank.

Du mußt mir das mal ausführlicher erzählen, sage ich, jetzt müssen wir ein wenig umhergehen, man blickt schon auf uns.

Wir drücken einander die Hand.

Bei diesen Empfängen westlicher Botschaften herrscht stets eine merkwürdige Atmosphäre, und heute ganz besonders; man gibt sich entspannt und heiter, macht Konversation: How are things, Comment ça va, Na wie geht es, gelegentlich senkt einer die Stimme, man wendet sich um, ah ja, wir werden beobachtet.

Aber es ist wichtig, anwesend zu sein, von den Offiziellen

gesehen zu werden, wir verkriechen uns keineswegs ins Loch, in einem Land, das so lange um Anerkennung gebarmt hat, muß man demonstrieren, daß man anerkannt ist.

Wir entdecken die Jankas. Immer wenn ich Walter Janka sehe, wird mir warm ums Herz. Wir verabreden uns. Wir werden nach dem Empfang gemeinsam essen gehen. Der italienische Gesandte begrüßt Inge. Der Korrespondent der Humanité kommt auf mich zu. Ein jüngerer Herr in dunklem Anzug steht in meiner Nähe. Ich lächle ihm zu. Er lächelt nicht.

[131] Restaurant im Hotel Stadt Berlin. Ein Tisch am Fenster, draußen die winterlichen Lichter, die breite Straße, der Parkplatz.

Wir feiern. Vor zwanzig Jahren, auf den Tag genau, haben sie Janka verhaftet. Sie kamen in den Aufbau-Verlag und holten ihn ab und führten ihn die Treppe hinunter, vorbei an seinen entsetzten Mitarbeitern. Dann kamen die Verhöre in Hohenschönhausen, und dann der Prozeß, und dann die Jahre im Zuchthaus Bautzen. Unschuldig.

Champagner.

Auf die Gesundheit. Auf das Leben. Auf die Zukunft.

Es kann doch nicht sein, daß sich das alles wiederholen wird. Als Farce, vielleicht? Wer glaubt dieser Regierung denn noch?

DIENSTAG, 7. DEZEMBER 1976

[132]   Anrufe
Von Rieke Becker
Sag mal, gehst du auch zu Hermlin?
Nein, wieso?
Ich dachte ... Sie haben nämlich dem Jurek eine Erklärung
von Hermlin vorgelegt und ihm gesagt, er soll das auch
unterzeichnen. Die Erklärung war aber so, daß der Jurek sie
nicht unterzeichnen konnte. Also du gehst nicht zu Hermlin?
Nein.
Schade. Weil er den Jurek eingeladen hat, und Jurek kann
nicht rechtzeitig da sein, er ist immer noch in der Bezirkslei-
tung bei Roland Bauer. Du hättest das dem Hermlin ausrich-
ten können.
Ich kann's ihm ja telephonisch sagen. Ich werde bei Hermlin anrufen. Vielleicht sehen wir uns bald?
Ja, bald.

Anruf bei Stephan Hermlin.
Eine Frage: Hast du eine Erklärung abgegeben?
Ich habe dir doch davon erzählt. Aber sie war persönlich
und vertraulich und nur für mein Parteiverfahren bestimmt.
Weißt du, daß sie den Jurek Becker damit konfrontiert und
verlangt haben, daß er das auch unterzeichnet?

Nein.

Und was meinst du dazu?

Ich bin – verblüfft.

Weißt du, ob auch anderen Leuten deine Erklärung vorgelegt wurde?

Gestern abend, als ich von den Franzosen nach Hause kam, rief mich die Christa Wolf an.

Du siehst, wie jede kleinste Konzession, die man macht, benutzt wird.

Ich habe ein paar Leute eingeladen. Wir werden das auch besprechen.

Ich weiß. Ich soll dir ausrichten, Jurek Becker wird sich verspäten. Er sitzt noch bei Roland Bauer in der Bezirksleitung fest.

Ich werde auch mit dir noch darüber reden.

Das hoffe ich. Ihr habt wieder Parteiversammlung heute nachmittag?

Ja.

Ich wünsch dir viel Glück...

Er hat die ganze Schuld auf sich genommen, hat er gestern gesagt.

Nein, ich will jetzt nicht urteilen und schon gar nicht verurteilen. Aber ich kann beurteilen – die Bedeutung dessen beurteilen, was jetzt anhand seines Schuldbekenntnisses geschehen wird. Es gibt ja nicht viele, auf die man hierzulande blickt: er ist einer von diesen.

[133] Irgendein freundlicher Mensch hat mir eine kleine Broschüre in den Briefkasten gesteckt, parteiinternes Material offensichtlich, betitelt »Informationen«, 1976/77, Nr. 146. Darin lese ich:

[134]   Dokument

B.s Positionen gründen sich somit auf totales Unverständnis der sozialistischen Revolution und der Rolle des Proletariats ... Er hat ... stets den realen Sozialismus und die Partei der Arbeiterklasse von ultralinken, trotzkistischen Positionen aus kritisiert ... Wenn die Frage gestellt wird, weshalb – bei Kenntnis dieser Fakten – B. die Reiseerlaubnis erhielt, so kann man feststellen, daß dadurch der gegen die DDR gerichtete Plan der hinter B. stehenden Kräfte – des Bochumer Initiativkomitees und anderer – entlarvt und Biermanns tatsächliche Rolle voll aufgedeckt wurde. Die Aberkennung der Staatsbürgerschaft war somit ein notwendiger Schritt gegen einen Helfershelfer des Klassenfeindes. Jenen Schriftstellern und Künstlern, die aus Unkenntnis der Fakten, mangelndem politischen Weitblick oder einfach aus falsch verstandener Solidarität mit einem »Kollegen« glaubten, sich für B. einsetzen zu müssen, haben inzwischen zahlreiche namhafte Kulturschaffende sowie Arbeiter und Genossenschaftsbauern geantwortet (siehe die Stellungnahmen im Neuen Deutschland). Es ist notwendig, all jenen, die vielleicht sich noch nicht über die Rolle des B. im klaren sind, zu erklären, daß es eine Treuepflicht gegenüber dem sozialistischen Staat gibt ...

[135]   Abends zu Beckers.

Jurek kommt nach Hause, bleich, tiefe Ringe unter den Augen; die Spannung, unter der er den Tag über gestanden hat, ist noch nicht abgeklungen.

Er setzt sich an den Tisch. Ich möchte euch mitteilen, sagt er, daß ich ab heute »Herr« Becker bin.

Bist du traurig? frage ich.

Es ist ein sonderbares Gefühl, sagt er. Aber traurig? Nach dem, was geschehen ist? Nein.

Des Morgens sei er in der Bezirksleitung gewesen. Man habe noch einmal mit ihm gesprochen, ihm nahegelegt, von dem Brief der Schriftsteller abzurücken, ihm die Erklärung Hermlins gezeigt, Hauptpunkt: es sei ein Fehler gewesen, den Schriftstellerbrief in Sachen Biermann an AFP zu geben. Er habe auf seinem Standpunkt beharrt, habe auch versucht, den Genossen sein Verhältnis zu Biermann klarzumachen, seine langjährige Freundschaft mit ihm, und daß er sich mitverantwortlich fühle für die Sache, denn Biermann hätte sehr wohl Zweifel gehabt, ob er fahren solle, und er, Becker, habe im Vertrauen auf das Wort von Partei und Regierung ihm zugeraten.

Um die Mittagszeit dann sei er zu Hermlin gefahren, wo auch andere: sämtlich Mitunterzeichner des Briefes und sämtlich Mitglieder der Partei. Hermlin habe ihnen mitgeteilt, er habe die bewußte Erklärung auf persönliche Veranlassung von Honecker abgegeben, mit dem ihn eine langjährige Freundschaft verbinde; die Erklärung sei nur zum Gebrauch in einem kleinen Kreis bestimmt gewesen.

Danach habe er irgendwo zu Mittag gegessen, ohne viel Appetit, und dabei ein paar Worte ausgearbeitet, die er bei der Parteiversammlung am Nachmittag zu sagen gedachte.

Die Versammlung, einberufen, um über die Bestrafung der Genossen Unterzeichner des Schriftstellerbriefs zu entscheiden, fand in den Räumen der Bezirksleitung statt, im rückwärtigen Flügel des Gebäudes des Zentralkomitees am Marx-Engels-Platz. Christa Wolf und Günter Kunert, die hingekommen waren, wurden des Saals und des Hauses verwiesen; da sie bei der letzten Parteiversammlung krank waren beziehungsweise erkrankten, sei ihr Verfahren abgetrennt worden und werde an einem späteren Termin stattfinden, ebenso wie das Verfahren gegen Karl-Heinz Jakobs.

Dann wurden, einer nach dem anderen, die Sünder abgefertigt. Reimar Gilsenbach, der nicht zu den ursprünglichen Unterzeichnern gehörte und seine Unterschrift bereute, erhielt eine strenge Rüge. Volker Braun, der im Neuen Deutschland öffentlich zugegeben hatte, er sähe jetzt, wozu die Stellungnahme der Schriftsteller benutzt würde, wurde ebenfalls streng gerügt. Sarah Kirsch verwahrte sich gegen Irmtraut Morgners Plädoyer, sie sei zu naiv, um zu begreifen, was sie getan habe, und wurde von den Listen der Partei gestrichen; Streichung ist um eine Nuance feiner als Ausschluß und läßt eine Wiederaufnahme zu. Gerhard Wolf, der erklärte, nichts zu bereuen zu haben, wurde ausgeschlossen. Für Jurek Becker war Streichung beantragt; nachdem er jedoch seine über Mittag abgefaßte Stellungnahme verlesen hatte, erhob sich der Genosse Bauer und beantragte auch für ihn Ausschluß.

Und Stephan Hermlin?

Stephan Hermlin habe man sich bis zum Ende aufgespart. Man habe seine Erklärung verlesen: Es ist mein Fehler gewesen, den Brief der Schriftsteller zu AFP zu bringen.

Zwischenruf von Bruno Apitz: Was ist AFP?

Antwort des Vorsitzenden: Der französische Nachrichtendienst.

Stephan Hermlin habe das alles über sich ergehen lassen und geschwiegen. Er habe sogar auch geschwiegen, als Bruno Apitz und Walter Gorrish ihn als Verräter bezeichneten und seinen Ausschluß forderten, im Gegensatz zum Antrag der Parteileitung, der eine strenge Rüge verlangte.

Der Antrag der Parteileitung wurde angenommen. Dann, als schon alles vorbei zu sein schien, erhielt endlich Kurt Stern das Wort, der sich schon lange gemeldet hatte. Kurt Stern erklärte, auch namens seiner Frau, der Schriftstellerin Jeanne Stern, sie beide seien zur Zeit der Ausweisung Biermanns in einem Sanatorium gewesen; wären sie in Berlin

145

gewesen, so hätten sie den Protestbrief der Schriftsteller ebenfalls unterschrieben. Da er und seine Frau auch jetzt noch der Meinung seien, die Ausweisung Biermanns sei falsch und die ursprünglichen Unterzeichner des Briefs durchaus im Recht, möchte er nicht verfehlen, das den Genossen zur Kenntnis zu bringen.

[136]   Dokument
Stellungnahme Jurek Beckers vor der Parteiversammlung des Schriftstellerverbandes:

Von der Beantwortung einiger weniger – wie auch ich erkenne grundsätzlicher – Fragen wird meine weitere Mitgliedschaft in der Partei abhängig gemacht.

Ob ich bereit bin, im nachhinein die bekannte Entschließung unserer Grundorganisation zu akzeptieren? Ich bin nicht bereit dazu. Ich kann keine Resolution unterschreiben, in der die Aberkennung der Staatsbürgerschaft der DDR für Wolf Biermann begrüßt oder gutgeheißen wird. Die Ablehnung dieses Regierungsbeschlusses war es ja, die mich den bewußten Brief der Schriftsteller und des Bildhauers Cremer mitunterzeichnen ließ, und nichts hat sich bislang zugetragen, was diese meine Ablehnung geschwächt hätte.

Ob ich inzwischen als falsch erkenne, die Medien des Klassenfeinds für die Publikation unseres Briefes benutzt zu haben? Nein, ich will dies nicht für einen Fehler halten. Wenn die Alternative gelautet hätte: Hier veröffentlichen oder dort veröffentlichen? – so wäre mir der Gang zu einer westlichen Presseagentur absurd vorgekommen. Die Frage hieß aber: die Meinungsverschiedenheit veröffentlichen oder intern behandeln? Meine Erfahrung lehrt mich, daß »intern behandeln« bei uns gewöhnlich ein Gleichwort für »unter den Teppich kehren« ist; daher verteidige ich den Schritt an die Öffentlichkeit. Und die ist nach meiner festen Überzeugung unteilbar, die Öffentlichkeit ist letzten Endes immer die Weltöffentlichkeit.

Für eine interne Behandlung war es ohnehin zu spät, das Neue Deutschland hatte bereits den Ausbürgerungsbeschluß neben einem Artikel veröffentlicht, der auf empörende und, wie ich finde, äußerst parteischädigende Weise diese Ausbürgerung begründete. Die interne Behandlung hätte darin bestehen können, daß *vor* einem solch gravierenden Beschluß Konsultationen zwischen Genossen der Parteiführung und Genossen und Kollegen, deren Protest gegen einen solchen Beschluß vorhersehbar war, stattgefunden hätten. Daß es nicht dazu kam, daß statt dessen das Funktionieren der Parteidisziplin als wieder einmal selbstverständlich vorausgesetzt wurde, das halte ich für die eigentliche Ursache unserer heutigen Situation.

Ich will nicht verhehlen: Als ich von dem Ausbürgerungsbeschluß hörte, legte ich größten Wert darauf, daß die Öffentlichkeit erfährt, wie ich darüber denke. Ich wollte unter keinen Umständen für jemand gehalten werden, der damit einverstanden ist. Wie anders können Menschen, die ich nicht kenne, die mich aber durch meine Arbeit kennen und auf deren Urteil ich Wert lege, von meiner Ansicht erfahren, als dadurch, daß ich sie publik mache?

Der unbedingte Wunsch, Meinungen und Überzeugungen an die Öffentlichkeit zu tragen, hat mich Schriftsteller werden lassen, und ich kann mich nicht entschließen, darauf zu verzichten.

MITTWOCH, 8. DEZEMBER 1976

[137] Wand hinter meinem Schreibtisch. Dort, schön ge-
rahmt, hängt ein Stich aus der Barockzeit, die drei Könige
Saul, David und Salomo zeigend; auf dem Passepartout, in
zierlicher Handschrift, ein Zweizeiler:

David schlug Goliath, äußerst ungern sahns die Philister.
Stefan schlug David, und nun sehen sies wieder nicht gern.

Gezeichnet ist der Vers von Peter Hacks und seiner Frau
Anna Wiede, am 10. April 1971, nach dem Erscheinen des
damals in der DDR noch verbotenen König David Berichts.

Auch Peter Hacks hatte einst seine Schwierigkeiten mit der
Zensur, als diese nicht einsehen wollte, daß er mehr von den
Notwendigkeiten des Sozialismus verstand als die Parteiführung. Zu der Zeit, als er mir den Stich schenkte, kamen wir
gut miteinander aus, vor allem, weil er keine Konkurrenz in
mir sah. Wir waren beide, seiner Auffassung nach, einsame
Spitze am Orte, er auf dem Gebiet der Dramatik und ich auf
dem des Romans. Da er mir dies schöne Zugeständnis
machte, sah ich keinen Grund, seiner Ansicht zu widerspre-
chen.

Nun hat er, erfahre ich, in der Weltbühne, die in ihren
guten Jahren von Siegfried Jacobsohn und Carl von Ossietzky
gemacht wurde, einen Artikel in Sachen Biermann veröffent-

148

licht. Die Nummer sei bereits vergriffen; aber ich habe Glück, auf der Plattform des S-Bahnhofs Treptower Park bekomme ich noch ein Exemplar und habe Hacksens Artikel bis Bahnhof Friedrichstraße nicht ohne Erstaunen zweimal durchgelesen.

[138]   Aus »Neues von Biermann« von Peter Hacks, Die Weltbühne Nr. 49, 1976:

Biermann ... hat ... mit wissenschaftlichen Begriffen, gereimten Liedern und vielem Augenrollen und -zwinkern, den Vorschlag gemacht, das Ziel des Kommunismus doch lieber mit bürgerlichen Mitteln zu erreichen ... Da Biermann beim Vortrag seiner Lehre ... das Bestehen einer Art von Bund zur Durchsetzung derselben andeutete, dessen Mitglieder einander mit Genosse anzureden scheinen, eines aber mit Sicherheit nicht sind: Angehörige einer bisher bekannt gewordenen sozialistischen Partei, ist er inzwischen aus der DDR geschlossen.

... Die Leitung der SED nennt er »stalinistische Bonzen«, was – die Meinung, die man über Stalin hat oder haben sollte, beiseite gelassen – doch offenbar keine zutreffende Bezeichnung ist ... Er empfiehlt der SED, sich nach dem Beispiel der KPI oder KPF zu richten. Ich habe der SED keine Ratschläge zu erteilen, aber ich bitte sie herzlich, das nicht zu tun. Sie müßte, wollte sie Biermann folgen, in der DDR eine imperialistische Wirtschaft und Herrschaft einsetzen ... Er hat die Zustimmung von Heinrich Böll. Böll, man kennt ihn, ist drüben der Herbergsvater für dissidierende Wandergesellen. Biermann hat in seinem Bett übernachtet, und ich hoffe, er hat nicht noch Solschenizyns Läuse darin gefunden ... Er hat – wie der »Spiegel« es ausdrückt – »seine Leute in der DDR« ...

Beide, Biermann wie seine Befrager, vermeiden sorgfältig

die Erwähnung der DDR-Schriftsteller, die auf einer Liste erklärt haben, daß sie ihn wiederhaben wollen. Die Sorgfalt fällt auf; noch auf der Pressekonferenz vom Vortag setzt Biermann alle Hoffnung in sie... Unterrichtet durch die sozialistische Presse, wie ich gewöhnlich bin, kenne ich die erwähnte Liste nicht vollständig... Aber notfalls läßt sich auch bei wenig Nachricht viel denken, und ungefähr hätte jeder vom Fach die Liste niederschreiben können, bevor sie noch verfaßt worden...

[139]   Woher kenne ich derart Töne?

Abgesehen von Solschenizyns Läusen in Bölls Bett – da Solschenizyn direkt aus einem Moskauer Gefängnis bei Böll eintraf und er keine Möglichkeit hatte, sich während seines Transports zu duschen, kann es sich hier nur um amtliche sowjetische Läuse handeln – abgesehen von diesen Läusen also sind die von mir exzerpierten Teile die einzig ernst zu nehmenden in Hacksens Artikel; der Rest besteht aus Blödeleien und mehr oder weniger offen zutage liegenden Ressentiments.

Diese Teile aber sind ernst genug, denn was Hacks hier beschreibt, langt in den sozialistischen Staaten nach sattsam bekanntem Muster für den Staatsanwalt. Was Hacks hier beschreibt, ist eine politische Verschwörung, deren Sprecher Biermann ist und die durchgeführt werden soll von einer Art Bund, dessen Mitglieder einander mit Genosse anzureden scheinen, und von ungenannten Schriftstellern, deren Namen jedoch jeder vom Fach niederschreiben kann, und die das Ziel hat, dem Beispiel der italienischen und französischen kommunistischen Parteien folgend, des Eurokommunismus also, in der DDR eine imperialistische Wirtschaft und Herrschaft einzusetzen.

Trotzdem lasse ich den Stich an der Wand hängen. Die drei

150

galant posierenden Könige in Israel sind nicht verantwortlich dafür zu machen, daß Hacks zu den Philistern übergelaufen ist.

DONNERSTAG, 9. DEZEMBER 1976

[140]   Kulturbundklub. Eckhaus in der Jäger-, jetzt Otto-Nuschke-Straße.

Den Otto Nuschke habe ich gekannt, da war er stellvertretender Ministerpräsident der noch ziemlich neuen DDR. Wir saßen zusammen im Restaurant des Hotel Alcron in Prag, er war ein dicker gemütlicher Mann mit einer dicken gemütlichen Frau und einem dicken, weniger gemütlichen Knaben, der sofort unter den Tisch kroch und mich in die Wade biß. Nuschke holte den Knaben unter dem Tisch hervor und befahl ihm: Mach Diener! Der Knabe knickte zusammen wie ein Taschenmesser, federte wieder hoch und lief davon, dem Kellner zwischen die Beine. Nuschke und ich sprachen von den Möglichkeiten dieser DDR, die nur ein Drittel eines Landes war, und von den Schwierigkeiten, die sich daraus ergaben, von der Demokratie, der sozialistischen, und deren Verhältnis zum Christentum, Nuschke war der Chef der Ost-CDU, und er versuchte mir zu erklären, wie das war mit den Blockparteien, aber man spürte, er war nicht ganz glücklich darüber.

In der Vorhalle im Erdgeschoß Bücher mit Tischen: die Buchhandlung des Kulturbundes. Die Buchhändlerin, Frau Voss, erkennt mich, sie drückt mir die Hand, viele Leute drücken mir jetzt die Hand, auch solche, die mir völlig fremd sind, und blicken mir dabei tief und bedeutungsvoll in die Augen, es ist rührend und komisch zugleich. Wann denn wieder etwas von mir käme, will die Buchhändlerin wissen. Da müssen Sie den Dr. Tenzler neben mir fragen, sage ich, Dr. Tenzler ist mein Verleger.

Tenzler und ich gehen die breite Treppe nach oben, vorbei an dem großen, indirekt beleuchteten Porträt des Geheimrats Goethe. Im Restaurant in der ersten Etage ist alles still, hier ist immer alles still, nur das leise Klirren der Messer und Gabeln ist zu hören, die der Kellner in den Kasten legt, derselbe Kellner, der seit Jahren hier ist, als schlanker junger Mann hat er angefangen, jetzt hat er ein wenig Embonpoint, und die Haut unterm Kinn ist schlaff geworden.

Der Kellner plaziert uns an den Ecktisch, wo sonst der Professor Cremer immer sitzt und zu Mittag ißt, allein zumeist und stumm, den Blick auf seinen Teller gerichtet; heute ist er nicht da, vielleicht ist er nun wirklich im Krankenhaus. Wir bestellen, reden Allgemeines. Tenzler ist ein ruhiger Mensch mit ruhigen Bewegungen, wenn er sich aufregt, zeigt er es kaum, hebt nur ein wenig die Stimme. Sein – und mein – Verlag, »Der Morgen«, gehört einer anderen der Blockparteien, der LDPD; das bedeutet, sein Verlag wird nie einer der führenden werden, ebensowenig wie die Liberaldemokraten hier je eine führende Rolle spielen werden; dafür genießen die Leute eine gewisse Autonomie, ein Quentchen Narrenfreiheit.

Nach der Suppe kommt man langsam zum Thema. Eine so starke Reaktion auf die Biermann-Sache, meint er, habe man oben wohl doch nicht erwartet. Wie sich das à la longue auswirken werde, weiß keiner.

Er schweigt, denkt nach.

Irgendwelche Repressalien? frage ich.

Er plane nach wie vor für 1977 den König David Bericht,

sagt er, und für 1978 den Lassalle-Roman und die bibliophile Ausgabe der Schmähschrift; mehr sei beim besten Willen nicht drin.

Ich warte auf das große Aber. Aber Sie müssen verstehen, Herr Heym. Es ist mir sehr unangenehm. Aber Ihre Stellungnahme. Und man verlangt ja nicht viel. Nur ein wenig Einsicht. Das mit den westlichen Nachrichtenagenturen. Ich habe mir das auch nicht ausgedacht. Sie sehen, wie es ist. Zwischen Baum und Borke.

Doch nichts der Art. Ich warte immer noch. Der Kellner bringt den Nachtisch, Obstsalat. Dr. Tenzler zahlt, ich bin sein Gast heute. Wir reden Allgemeines. Dann gehen wir, vorbei an Geheimrat Goethe, gemeinsam die Treppe hinunter. Vorm Hause trennen wir uns, falls wir nicht vor Weihnachten und Neujahr, also ein frohes Fest, nicht wahr, und einen guten Rutsch.

Ein ruhiger Mensch mit ruhigen Bewegungen.

[141]   Zu Schlesinger, um Inge abzuholen, die mit ihm an dem Film über Kleist arbeitet.

Sarah Kirsch, die aus den Listen der Partei gestrichene, ist da. Sie wirkt deprimiert.

Sarah wohnt mit ihrem kleinen Sohn in einem der neuen Hochhäuser am Spittelmarkt, in dem zumeist Regierungsbeamte untergebracht sind, auch Leute von der Sicherheit. An Sarahs Wohnungstür und ihrem Briefkasten waren Drohinschriften, einige Mieter ließen verlautbaren, man wolle nicht unter einem Dach leben mit Verrätern.

Sarah heißt eigentlich Ingrid. Sie hat sich den Namen Sarah zugelegt als nachträgliche Demonstration für die Verfolgten und Vergasten.

[142] Havemanns Hausarrest ist aufgehoben, höre ich, er dürfe wieder einkaufen gehen, dürfe auch DDR-Bürger empfangen, aber keine Ausländer, besonders keine westlichen.

Überwacht werde er jedoch noch immer, auch ein Verfahren gegen ihn laufe weiter.

Er ist älter als ich, 68 wird er wohl jetzt sein, und er hat Tbc.

FREITAG, 10. DEZEMBER 1976

[143]   Berta Waterstradt

1933 gab es in Berlin eine kleine Gruppe kommunistischer Schriftsteller, die etwa anderthalb Jahre lang, illegal, Widerstandsarbeit leistete gegen die Nazis.

Berta Waterstradt, Jüdin, war eine von ihnen.

Sie wurde verhaftet, kam frei, ging nach England. Aber es hielt sie nicht dort, sie kehrte zurück nach Deutschland, nahm die Verbindungen wieder auf, arbeitete wieder im Untergrund, wurde wieder verhaftet. Diesmal erhielt sie zweieinhalb Jahre Zuchthaus, die sie absaß. Und auch danach blieb sie in Deutschland. Sie hatte Glück, sie kam nicht in ein Lager, weil sie einen nichtjüdischen Mann hatte, der sich weigerte, sich von ihr scheiden zu lassen. Sie überlebte. Sie schrieb den Film »Die Buntkarierten«, einen der ersten Filme, den die DEFA nach dem Krieg drehte, und den Film »Ehesache Lorenz«, und zahllose Kurzgeschichten, die von einfachen Leuten handeln, und lustige Verse über Ausflüge in andere Städte und andere Länder, die von ihrer Freundin Elizabeth Shaw illustriert wurden.

Sie ist keine schöne Frau, war es wohl nie. Jetzt, da sie auf die Siebzig zugeht, hat sie etwas mit dem Rücken und etwas mit den Füßen, das Leben hat Spuren hinterlassen. Sie ist grundehrlich und hat, wie sie selbst sagt, eine Schand-

156

schnauze, beides Eigenschaften, die der Karriere nicht dienlich sind. Sie lacht gern, ein sonderbares, kurzatmiges Lachen, nicht unbedingt ironisch. Sie kocht eine ausgezeichnete Bouillon mit Mazzeklößen.

Andere mit einer Vergangenheit ähnlich der ihren haben Orden erhalten und Ehrenzeichen, staatliche Auszeichnungen und Preise. Die Berta macht nichts von sich her, sie wird leicht übersehen.

[144]   Wir trinken Kaffee.

Berta ist noch ganz braungebrannt vom Strand in Tel Aviv. Berta fährt jedes Jahr nach Israel zu ihrer Schwester, und jedes Jahr ärgert sie sich, daß sie den Verwandten auf der Tasche liegen muß; sie hat kein Westgeld, und unseres will sie schwarz nicht eintauschen, 5 zu 1, da fühlt sie sich betrogen.

Sie erzählt von Israel, die Preise klettern, das Pfund sinkt, überall wird gestreikt, Krieg? – weiß einer! – vorläufig lebt man, die Lage ist zwar hoffnungslos, aber nicht ernst, die Leute machen sich lustig über ihre Regierung.

Ja, und nun, hier.

Sie könne froh sein, sage ich, daß sie nicht hier war, daß der Kelch an ihr vorübergegangen ist.

Sie mault. Sie sieht aus, als ob sie doch ganz gern an dem Kelch genippt hätte. Dann sagt sie: Aber mit der Seghers habe ich gesprochen.

Die beiden alten Damen wohnen um die Ecke in Adlershof; manchmal gehen sie zusammen spazieren.

Sie ist ganz stolz, die gute Anna, sagt Berta.

Stolz? Worauf?

Auf ihre Erklärung. Die DDR ist das Land, in dem sie leben und arbeiten will. Wer will das nicht? Und dann hat sie in der Parteiversammlung gesprochen, für Hermlin, für Jurek Bekker. Mehr kannst du von der Anna schon nicht verlangen . . .

157

Nein, mehr nicht.

[145] Inge kommt zurück aus Babelsberg. Sie war den ganzen Tag dort, hat Besprechungen gehabt über die Filme, an denen sie beteiligt ist, die Arbeit muß ja weitergehen, wenn auch alles schwieriger wird, die Leute vorsichtiger, wird das noch durchgehen, kann man jenes sagen, diese Szene drehen.

Und sie hat mit Horst Seemann gesprochen, dem Regisseur des Beethoven-Films, den sie im Interhotel Kongreß in Karl-Marx-Stadt zusammengeschlagen haben.

Seemann hat einen langen Bericht geschrieben, sehr ausführlich, Fakt an Fakt gereiht, die Namen der beiden Polizeibeamten, die das Protokoll aufgenommen haben, seine Verletzungen, die Verletzungen seiner Frau, alles, und hat diesen Bericht an das Innenministerium geschickt, mit Kopie an die Studioleitung, das Kulturministerium, die Partei. Nun hoffte er, daß endlich die Schuldigen festgestellt würden, ein Verfahren eingeleitet würde, nicht nur der Strafe wegen, wo gibt's denn das, bei jeder Prügelei in einer Kneipe mit Körperverletzung wird untersucht, festgestellt, angeklagt, ein Urteil gefällt.

Statt dessen besuchte ihn ein Vertreter des Innenministeriums, kein untergeordneter Mensch, ein Genosse mit Rang und Autorität vielmehr, und riet ihm dringend, die Sache fallenzulassen.

Fallenzulassen? So einfach?

Ja, die Anzeige zurückzuziehen.

Und Seemann?

Folgte dem Rat.

Und nun?

Nun ist er völlig durcheinander. Er hat Filme gemacht, die gewünscht wurden, und die Genossen haben ihm auf die

158

Schulter geklopft, und jetzt will keiner mit ihm sprechen, keiner schützt ihn, nur der Mann vom Innenministerium kommt und sagt, Genosse Seemann, wir möchten dir doch dringend raten.

Vielleicht verwertet er das mal in einem Film, sage ich, diese Konstellation, diese Stimmung.

Er geht kaum mehr aus dem Hause, sagt Inge.

SONNABEND, 11. DEZEMBER 1976

[146]   Schlafzimmer. Ein Uhr morgens, zwei Uhr, drei Uhr.
Weder Inge noch ich können schlafen.
Inge hat Schmerzen in der Herzgegend, zu raschen Puls.
Soll ich dir Tropfen holen, sage ich, ich habe welche.
Es sind die Nerven, sagt sie.
Atme tief durch, sage ich, tief und langsam.
Es sind die Nerven, sagt sie.
Wir versuchen zu lesen.

[147]   Wir kommen zu Schlesinger, Inge hat mit ihm wegen
seines Kleist-Films zu reden.
Bettina erzählt, sie war wieder bei der Bezirksleitung der
Partei. Noch einmal wurde ihr die Frage gestellt: Widerrufst
du oder nicht. Sie widerrief nicht. Gut, sagte man ihr, sie
werde die Folgen sich selber zuzuschreiben haben, die Partei
könne sie nun nicht mehr schützen. Ja, schützen. Wahrscheinlich werde sie jetzt entsprechend weniger Engagements erhalten, möglicherweise gar keine, man könne die
Veranstalter nicht zwingen, Bettina Wegner singen zu lassen...
Der junge Schriftsteller Thomas Brasch, Sohn des ehema-
ligen stellvertretenden Kulturministers Horst Brasch, und
seine Freundin Katherina Thalbach, die in dem Werther-Film

— Goethes, nicht Plenzdorfs Werther — die Lotte spielte, haben einen Ausreiseantrag gestellt. Der Antrag wurde binnen Tagen genehmigt, die beiden sind schon fort. Er hat ein Buch geschrieben, sagt mir Bettina, das im Westen herauskommen soll, bei uns darf es nicht erscheinen.

Wie viele Begabungen haben wir schon verloren?

Wem nützt das?

[148] Und nun zu Hermlin.

Ich bin froh, daß Inge bei mir ist, ich habe Angst vor dieser Unterredung.

Er scheint hagerer geworden zu sein, die Wangen sind eingefallen, vielleicht macht ihm auch die Diabetes zu schaffen. Du brauchst mir nichts zu erklären, sage ich, was immer deine Gründe gewesen sein mögen, ich respektiere sie.

Doch, doch, sagt er.

Am vergangenen Sonnabend, ja, genau vor einer Woche, am 4. Dezember, habe Honecker ihn zu sich gebeten, ganz plötzlich. Er sei also hingegangen. Honecker sei freundlich gewesen wie immer, er habe eine Bitte an ihn, habe er gesagt.

Eine Bitte?

Ja, eine Bitte. Er brauche dringend eine Erklärung von ihm in der Sache. Nein, nicht für die Öffentlichkeit, nur für die Genossen im Politbüro und für das Zentralkomitee, das in der kommenden Woche zusammentreten wird, und nichts, was er, Hermlin, nicht selbst bereits gesagt habe.

Ein Zettel, darauf ein halbes Dutzend Sätze, exzerpiert aus seinen Ausführungen auf der Parteiversammlung des Berliner Schriftstellerverbandes am 23. November.

Tatsächlich, seine Worte, mit nur einer Veränderung. Er hatte auf der Versammlung gesagt: *Vielleicht* war es ein Fehler, den Brief zu AFP zu bringen. Auf dem Zettel stand:

161

Es *war* ein Fehler... Er habe einen Stift genommen und korrigiert: Es war *mein* Fehler.

Auf seine Schultern also die gesamte Schuld.

Und dann sei da noch der Satz hinzugefügt gewesen: Ich bin für die Politik des Politbüros und des VIII. und IX. Parteitags. Nun ja, das sei er ja auch, da sei also inhaltlich nichts einzuwenden gewesen, und so habe er auch diesen Satz, an dem Honecker anscheinend viel gelegen war, akzeptiert.

Die Unterschrift.

Er habe selbst gehört, wie Honecker die Anordnung gab, die Erklärung nur in einem Exemplar abzuschreiben.

Zwei Tage später dann, am Montag, habe man mit ihm in der Bezirksleitung verhandelt, das letzte parteiamtliche Gespräch vor dem Verfahren, das am nächsten Tag in der Parteiorganisation des Berliner Schriftstellerverbandes stattfinden sollte. Hier, vor dem Genossen Roland Bauer und den anderen Vertretern der Bezirksleitung, würde sich entscheiden: Ausschluß oder eine mildere Strafe.

Roland Bauer habe ihm seine Erklärung vorgelesen. Natürlich habe ihn das überrascht, aber als Mitglied des Zentralkomitees habe Roland Bauer ja zu dem Kreis gehört, für den die Erklärung bestimmt war. Auf Roland Bauers Frage habe Hermlin bestätigt, ja dies sei seine Erklärung, so habe er sie gegeben. Dann habe Roland Bauer ihn gefragt, ob er die Erklärung auch den anderen Genossen zur Kenntnis bringen könne. In der Meinung, es handle sich um Genossen wie Christa Wolf, Sarah Kirsch, Jurek Becker, mit denen die Bezirksleitung noch zu sprechen gedachte, habe er seine Zustimmung gegeben.

Dann sei er zu der Filmvorführung mit dem darauf folgenden Empfang der französischen Botschaft gegangen. Dort hätten wir ja miteinander gesprochen; er sei, wie ich vielleicht bemerkt hätte, in einer geradezu euphorischen Stimmung gewesen, da er geglaubt habe, mit der schweren Rüge, die man ihm als dem Verantwortlichen geben würde, sei die Sache für alle ausgestanden. Als er dann nach Hause kam, habe er von Christa Wolf erfahren, daß Kopien seiner Erklärung bereits in verschiedenen Institutionen aufgetaucht seien und als Pressionsmittel verwendet würden: Sogar der Hermlin hat widerrufen, warum nicht auch du?

Er habe dann am Dienstag, ein paar Stunden vor der Parteiversammlung, Sarah Kirsch, Christa und Gerhard Wolf, Kunert, Jurek Becker, also die Genossen unter den ursprünglichen Unterzeichnern, gegen die am Nachmittag verhandelt werden würde, zu sich eingeladen und ihnen auseinandergesetzt, wie es zu seiner Erklärung gekommen sei und was ihn bewog, der Bitte des Genossen Honecker zu entsprechen. Der Mißbrauch, der mit seiner Erklärung getrieben wurde, habe ihn zutiefst betroffen gemacht, und er habe sich ernsthaft überlegt, ob er nicht in der Parteiversammlung aufstehen und die Erklärung in aller Form zurückziehen und die entsprechenden Konsequenzen auf sich nehmen solle.

Vor dem Beginn der Versammlung aber habe Hermann Kant ihn am Eingang des Saals abgefangen und ihn mit Tränen in den Augen gebeten, er möge doch um Gottes willen an das Plenum denken. Das Plenum des Zentralkomitees, wie ich vielleicht wisse, habe am gleichen Tag in einem anderen Teil des Gebäudes getagt. Und im Gedanken an dieses Plenum habe er, Hermlin, denn geschwiegen, als Jurek Becker und Gerhard Wolf aus der Partei ausgeschlossen und Sarah Kirsch gestrichen wurde, er habe auch geschwiegen, als seine Erklärung – »Es war mein Fehler« – verlesen und ihm eine strenge Rüge erteilt wurde.

Ich stelle mir den Mann vor, wie er da sitzt, während das

alles geschieht, und abwägt: die Treue zu seinem Freund und Genossen Honecker gegen das Gesicht, das er morgen beim Rasieren im Spiegel sehen wird.

Fünfundvierzig Jahre bin ich in der Partei, sagt er, und ich gestehe, es liegt mir daran, in dieser Partei zu bleiben. Es ist mir auch gleich, wer mich da als Verräter bezeichnet, die Apitz und Gorrish, oder die andern, die glauben, ich hätte sie im Stich gelassen.

Ich hätte volles Verständnis für sein Handeln, sage ich; aber wenn es ein Fehler war, daß er zu Agence France Presse ging und ich zu Reuters, was sollen wir denn tun, wenn morgen ein anderer von uns ausgebürgert wird oder noch Schlimmeres geschieht?

Den gleichen Fehler wieder machen, sagt er. Im übrigen werde er am Montag dem Parteisekretär des Schriftstellerverbandes einen Brief übergeben, in dem stehen wird, er, Stephan Hermlin, 45 Jahre Mitglied der Partei, erkläre sein Fehlergeständnis für null und nichtig; er, im Gegensatz zu Fritz Cremer, habe ein wirkliches Recht zu sagen, daß er »überfahren und mißbraucht« worden ist; sollte nun ein neues Parteiverfahren gegen ihn eröffnet werden, so werde dieses in seiner Abwesenheit stattzufinden haben, er habe genug von der Sache.

Schweigen.

Dann sagt Inge, auch sie werde ein Gespräch mit ihrer Parteileitung zu führen haben, jetzt am Montag, und sicher werde man ihr, wie so vielen anderen bereits, sein, Hermlins, Fehlergeständnis vorlegen und sagen: Handle entsprechend, Genossin. Dürfe sie da seine Ankündigung schon als Fakt anführen?

Aber natürlich, sagt er.

SONNTAG, 12. DEZEMBER 1976

[149]   Fragen

Was haben wir eigentlich getan?

War es nicht etwas völlig Normales, Selbstverständliches, das in jedem Staat, jeder Gesellschaftsform gang und gäbe sein sollte?

Warum also die Aufregung bei Behörden und Partei, die inquisitorische Betriebsamkeit, die oben anfängt und hinunterreicht bis in die kleinsten Parteiorganisationen in den kleinsten Provinznestern?

Was sind die Gründe und, wichtiger noch, die Hintergründe?

Hat sich etwas grundlegend verändert, ist Quantität umgeschlagen in eine neue Qualität, und nicht notwendigerweise eine bessere?

Wurde hier, zufällig oder nicht, wirklich Geschichte gemacht, oder handelt es sich um einen minderen Sturm in einem nicht eben wichtigen Wasserglas?

Könnte es nicht einfach sein, daß die Überreaktion der beamteten Reinhalter der Lehre eine Überreaktion auch in sonst nüchternen Köpfen erzeugt?

Sollte man den Quark nicht einfach vergessen und sich vernünftigeren Themen zuwenden?

Oder braut sich da neuer Konfliktstoff zusammen mit

Konsequenzen, persönlichen und anderen, die sich noch gar nicht absehen lassen?

[150]   Also in den Wald.

Ich hole meinen Nachbarn ab zum Spaziergang, den Professor Szent-Ivanyi, Ungarologe an der Humboldt-Universität, jetzt emeritiert. Er ist ein kleiner, lebhafter Herr mit k. u. k. Manieren, grüßt stets, indem er den Hut lüftet, küßt den Damen die Hand, aber bei ihm wirkt das natürlich. Die letzte Studienreform – die wievielte schon? – hat ihm das Herz gebrochen; da haben sie aus seiner Abteilung eine gewöhnliche Sprachschule gemacht, für Dolmetscher und diplomatisches Personal, keine wissenschaftliche Arbeit mehr, also ging er lieber.

Wir reden von seiner Frau, die vor einem Monat gestorben ist, von seinem Jungen, der eine verantwortliche Position in irgendeinem wissenschaftlichen Institut bekleidet. Ja, auch dort wurde über die Sache geredet, selbstverständlich.

Und was hat der Junge dazu gesagt?

Der Junge, sagt er, hat mich an ein altes ungarisches Sprichwort erinnert: Gegen den Wind kann man nicht pissen.

Das schockiert mich nun doch, nicht der Haltung des Jungen wegen, sondern wegen der ungewohnt robusten Sprache des Herrn Professor.

[151]   Inge ist sehr nervös, der Streß wirkt sich aus.

Morgen ist sie an der Reihe für eines jener Gespräche, in denen festgestellt werden soll, wie weit die sündige Seele bereits von Häresie zerfressen ist und ob ein Rettungsversuch noch möglich. Das wird mehrere Stunden dauern; danach kommt noch eine Versammlung der Parteiorganisation. Sie habe mehr als genug Argumente, sagt sie, sie befürchte nur, daß das richtige ihr gerade dann, wenn sie es braucht, nicht einfallen wird.

Wie ich das kenne – das Flattern, das vergebliche Suchen, die Frustration. Und ich kann ihr nicht helfen.

MONTAG, 13. DEZEMBER 1976

[152]   Hereingeschneit kommt plötzlich westdeutscher Besuch, ein angenehm bescheidener, etwas lässig gekleideter,
bärtiger junger Mann. Er heiße Richter, sagt er, und sei
Buchhändler, linker Buchhändler, fügt er hinzu, von der
Sozialistischen Verlagsauslieferung in Frankfurt am Main,
wie der Name schon sage, seien sie ein Auslieferungshaus für
linke Verlage in der Bundesrepublik, aber deshalb sei er nicht
gekommen, sondern wegen des Dichters Peter-Paul Zahl, das
Material hätte ich wohl bekommen?
   Welches Material?
   Es sei mir doch zugeschickt worden. Über den Prozeß.
Und die Ungerechtigkeit. Einen Gedichtband von Zahl habe
er mir mitgebracht, Titel: »Schutzimpfung«, aber das Material, es müßte doch längst angekommen sein, Zahl habe so
halb und halb im Untergrund gelebt, ein bißchen anarchi-
stisch sei er schon gewesen, aber ein richtig guter Dichter,
und dann, als eine Polizeistreife kam, da habe er sich eben
widersetzt, einen Polizisten habe er angeschossen, der
Staatsanwalt habe vier Jahre gefordert, aber dem Richter war
das zu milde, und Zahl säße nun, für fünfzehn Jahre. Das
Material sei gewiß nicht angekommen?
   Ich versuche, dem Freund Richter klarzumachen, daß
meine Post, besonders westliche Post, mich seit etwa vier

Wochen nur noch sporadisch erreicht. Aber was habe ich denn mit der ganzen Sache zu tun?

Ich solle doch bitte an einer Jury teilnehmen. Auch Erich Fried sei schon dabei, und Alfred Andersch, und andere. Sie hätten fünftausend Mark gesammelt für einen Peter-Paul-Zahl-Preis, der verliehen werden solle für die beste Arbeit über den Strafvollzug, die im nächsten Jahr geschrieben werden würde, und Peter-Paul Zahl selber habe, aus seiner Zelle heraus, meinen Namen für die Jury vorgeschlagen, man wolle erreichen, daß die Ungerechtigkeit gegen Zahl in der Öffentlichkeit nicht vergessen wird, damit man etwas für ihn unternehmen könne, fünfzehn Jahre, und eigentlich trage er ja gar keine Schuld.

Ob er, Richter, nicht meine, frage ich, daß meine Teilnahme an einer solchen Jury eher schaden als nützen möchte? Es könnten doch einige bösartige westliche Journalisten fragen, ob Herr Heym nicht in seiner eigenen Republik genug Ungerechtigkeiten sähe, um die es sich zu kümmern lohnte, statt sich in die inneren Angelegenheiten der Bundesrepublik einzumischen.

Nein, so sähe er das nicht, sagt er, durchaus nicht. Im Gegenteil, es würde nur nützen, wenn auch einer aus der DDR da seine Stimme erhöbe, indem er sich an der Jury für den Peter-Paul-Zahl-Preis beteilige.

Aber, sage ich, wenn ich mich an der Jury beteiligte, müßte ich doch wohl einige Manuskripte lesen, und diese müßten mir aus dem Westen zugeschickt werden, und er sähe doch an dem Material, das mich bisher noch nicht erreicht habe, daß das vielleicht Schwierigkeiten machen würde, zumindest würde erst einmal der Postzensor diese Manuskripte lesen müssen, und Strafvollzug sei doch auch bei uns ein sensitives Thema, und selbst wenn der Postzensor feststellen würde, daß in den Manuskripten vom westlichen Strafvollzug die

Rede sei, irgendwie möchte ihm die Sache doch unbehaglich sein und das betreffende Manuskript würde mich, wenn überhaupt, erst mit großer Verspätung erreichen.

Ja, sagt er, das sei schon richtig, aber trotzdem könnte ich dem Dichter Peter-Paul Zahl doch echt helfen, indem ich mich entschlösse, der Jury beizutreten.

Deutschland, deine beiden Teile, denke ich.

Er werde versuchen, mir das Material über den Prozeß gegen Peter-Paul Zahl irgendwie zukommen zu lassen, sagt er.

Tun Sie das, sage ich, aber überlegen Sie wirklich, ob es politisch richtig wäre, wenn ich da mittäte.

[153]   Köpenick, eine kleine Brücke über einen schmalen Kanal, hinter der Brücke ein kleiner Platz, in den eine kleine Straße mit kleinen alten Häusern einmündet. Auf dem Platz liegen Tannenbäume verschiedener Größe.

Mein Sohn und ich suchen aus.

Meine Vorschläge werden abgelehnt. Ich überlasse dem Jungen die Wahl. Endlich findet er ein Bäumchen, das seinem kritischen Auge zu genügen scheint.

Zwei Mark fünfzig, sagt die Frau. Ich zahle.

[154]   Das bekannte Tuckern des Zweitakters. Inge kommt nach Haus.

Ich begrüße sie an der Tür. Wir gehen ins Wohnzimmer. Ich mische: drei Teile Gin, einen Teil herben Wermut, ein wenig Eis; eine Cocktailolive ins Glas. Wir trinken.

Schließlich erkundige ich mich doch: Ist dir rechtzeitig eingefallen, was du sagen wolltest?

Sie nickt.

Und wie fühlst du dich?

Wie befreit.

[155] Das Gespräch habe mehr als anderthalb Stunden gedauert, ihr gegenüber der Genosse künstlerischer Leiter der DEFA, der Parteisekretär, und die Genossin von der Bezirksleitung Potsdam. So recht wohl habe keiner der drei sich dabei gefühlt.

Biermann, so erklärten sie, sei ein Konterrevolutionär und zu Recht aus der Republik ausgewiesen worden.

Die Genossin von der Bezirksleitung: Drüben hat er sein wahres Gesicht gezeigt; und so folgte dann, völlig gerechtfertigt, die Entscheidung, ihn auszubürgern und nicht mehr zurückkommen zu lassen.

Darauf habe sie, Inge, erwidert, diese Entscheidung habe doch wohl schon mehrere Wochen vorher festgestanden; und auf den Einwand, da wisse sie, die Genossin Inge Heym, mehr als die Genossin von der Bezirksleitung, Inges Antwort: Du konntest als Mitglied der Bezirksleitung dir die genauen Informationen doch ohne Schwierigkeiten beschaffen.

Hier nun habe der Genosse künstlerischer Leiter sich eingeschaltet mit der Behauptung, man habe Biermann ja integrieren wollen und habe sogar beabsichtigt, einen Band seiner Gedichte in der DDR herauszubringen.

Das sei eine Lüge, habe sie geantwortet. Nicht mal das Gedicht Biermanns, das die Redaktionskommission für die Chileanthologie vorgesehen hatte, habe gedruckt werden dürfen, das Gedicht vom Kameramann in Santiago, der am Tag des Juntaputsches seinen eigenen Mörder filmte bis zu dem Augenblick, da dieser den tödlichen Schuß abgab, und fast wäre die ganze Anthologie darüber gestorben, aber schließlich habe die Redaktionskommission dem amtlichen Druck nachgegeben, nur Christa Wolf habe nicht mitgemacht dabei und sei lieber aus der Kommission ausgeschieden. Was aber Biermanns Integration in das kulturelle Leben der DDR betreffe, so habe es an gutem Willen seinerseits nicht gefehlt, doch die Versprechungen, die ihm 1973 vor den Weltjugendfestspielen gemacht wurden, daß nämlich der Kulturminister mit ihm reden und gemeinsam mit ihm einen Modus operandi finden solle, seien nicht eingehalten worden.

Nachdem sich solcherart herausgestellt habe, daß sie in der Angelegenheit Biermann ebenso gut wie ihre Gesprächspartner, wenn nicht gar besser, orientiert gewesen sei, hätten diese sich dem nächsten Punkt der Tagesordnung zugewandt; dem offenen Brief der Schriftsteller. Dieser Brief, besonders da er über die Westagenturen veröffentlicht wurde, sei politisch falsch und objektiv schädlich für die Partei und die DDR gewesen, das müsse sie doch zugeben.

Objektiv schädlich für die Partei und für die DDR, habe sie zu bedenken gegeben, seien die Ausbürgerung Biermanns und der Leitartikel des Dr. K. im Neuen Deutschland gewesen, und darum sei es den Unterzeichnern des Briefes gegangen, zu denen sie selbst auch gehört hätte, hätte ihr Mann nicht seinen Namen schon unter das Dokument gesetzt. Und wenn nicht über die Westmedien, wie denn hätten die Schriftsteller die Öffentlichkeit erreichen sollen? Das Neue Deutschland habe ihre Petition doch bis heute noch nicht gebracht!

Ihre entschiedene Haltung habe die Genossen beeindruckt und vielleicht auch erschreckt.

Man denke gar nicht daran, sie auszuschließen, sei ihr versichert worden, man ringe um jeden Genossen, jede Genossin. Dann habe die Genossin von der Bezirksleitung in weinerlichem Ton davon geredet, daß man möglicherweise harten Zeiten entgegensehe, und es vielleicht nötig sein könnte, auf die Barrikade zu gehen, und nun auf einmal wisse man gar nicht, wer da noch neben einem stehen würde.

»Das ist euer Problem«, habe sie, Inge, darauf geantwortet.

DIENSTAG, 14. DEZEMBER 1976

[156]   Allein, an meinem Schreibtisch.

Aber ich kann nicht arbeiten. Wieder habe ich Zweifel.

Da haben wir geglaubt, wir könnten etwas verbessern, könnten eingreifen durch unsern Protest in eine offensichtlich falsche Entwicklung. Wie aber, wenn alles abgekartet war, vorausberechnet die Reaktion von ein paar Schriftstellern?

Aber war auch vorausberechnet, was da in Bewegung geraten ist?

Was wird da auf Versammlungen gesagt, von mehr oder weniger offizieller Seite, was steht da in der Presse, auf und zwischen den Zeilen? Petöfi-Klub. Hintergründe und Zusammenhänge. Bestehen einer Art von Bund. Verräter. Konterrevolutionäre Konspiration. Eurokommunismus.

Das Muster des Gewebes wird sichtbar: Angst vor Opposition. Ihr ganzer Geheimdienst – wozu taugte er?

MITTWOCH, 15. DEZEMBER 1976

[157]   Der Kollege Rudolf Harnisch hat sich angemeldet.

Er steigt aus dem Auto. Ich will ihm helfen, er hat eine Beinprothese; er winkt ab. Mit dieser Prothese fährt er nicht nur Auto; während des Kriegs noch, wo er das Bein verlor, hat er damit sogar seinen Panzer gefahren, sagt er; vielleicht glaubt er, ich werde ihn bewundern, meinen Gegner zwar, aber einen pflichtbewußten Offizier. Kennengelernt habe ich ihn in der Täglichen Rundschau, da war er fester Mitarbeiter, ich schrieb gelegentlich für das Blatt, ich mochte die beiden sowjetischen Chefs, den Genossen Sokolow und den Genossen Bernikow, sehr gescheite, tolerante Männer, die keine Illusionen hatten. Später verlor ich Harnisch aus dem Auge, vor ein paar Monaten kreuzte er auf, ich möchte ihn doch beraten.

Auch heute wieder: beraten. Seine Romane, sämtlich über den Krieg, der Krieg war sein großes Erlebnis, erschienen zunächst im Militärverlag, da haben sie ihm gesagt, was er alles hineinstecken muß in sein Buch, damit es richtig wird und gedruckt werden kann, und er hat sich gefügt. Jetzt ist er bei einem andren Verlag, bei Neues Leben. Aber keiner der Verlage hat dafür gesorgt, daß seine Bücher auch dort erscheinen, wo sie ebenso gelesen werden müßten, wie er glaubt, nämlich im Westen. Also soll ich ihn beraten.

Er überschätze meinen Einfluß, sage ich. Natürlich stehe es ihm frei, seine Bücher an Westverlage zu schicken, auch an die, bei denen ich veröffentliche; aber entschieden werde dort auch nur nach den Verkaufsmöglichkeiten, die Verleger wollen Profit machen, Kapitalismus sei eben, das wisse er ja, Kapitalismus. Im übrigen führen ja Vertreter von Neues Leben jedes Jahr zur Frankfurter Messe; die könnten das vermitteln.

Er bedankt sich.

Dann redet man noch Allgemeines, die Gesundheit, und so weiter, aber kein Wort über die bewußten Vorgänge.

Eigentlich sehr anständig von ihm.

[158]   Abends, Wohnzimmer. Das Essen ist zu Ende, auf dem Tisch noch die Mokkatassen, Aschbecher mit Zigarettenstummeln, Obst; am Tisch das Ehepaar Reher, der Graphiker Horst Hussel, der meine Schmähschrift illustriert hat, Inge, ich.

Hussel hat dunkle, glänzende Augen und ein Kinderlächeln, das der gestutzte schwarze Bart nur teilweise verbirgt. Bei seinem Scheidungsprozeß sagte seine Frau aus, er habe die Moralbegriffe des 19. Jahrhunderts, darum sei die Ehe in die Brüche gegangen. Hussel bestritt das energisch; seine Moralbegriffe, erklärte er der erstaunten Richterin, seien die des 18. Jahrhunderts.

Reher meint, er werde nun doch eine Erklärung abgeben müssen. Es gehe nun nicht mehr nur um seine staatliche Stellung, sondern um seine Arbeit überhaupt; schon sei entschieden worden, daß Bücher mit seinen Umschlägen auf der Leipziger Frühjahrsmesse nicht mehr gezeigt werden sollen; eine ganze Wand voll Bücher, auf die der Verlag da verzichten will, grotesk.

Bei Hussel sind bereits Vertreter des Verbands Bildender

Künstler und des Ministeriums gewesen und haben sich auf liebenswürdige Weise erkundigt, ob er irgendwelche Probleme habe, bei deren Lösung sie ihm behilflich sein könnten, und ob er denn noch zu seiner Unterschrift unter den Protest der Schriftsteller stehe.

Ganz sonderbar, berichtet Reher, habe sich die Haltung der Mitarbeiter des Verlags entwickelt. Während sie zuerst seine Courage bewunderten und dieser Bewunderung auf verschiedene Art Ausdruck gaben, blickten sie ihn nun vorwurfsvoll an und zeigten sogar ein gewisses Ressentiment: was für Ungelegenheiten habe er ihnen doch bereitet, ethische Konflikte, nichts ist schlimmer als dauernd jemanden um sich zu haben, der getan hat, was man selber getan haben müßte, aber nicht zu tun wagte, und ganz reale Belästigungen, wie viele Versammlungen mußten sie absitzen, wie viele Ermahnungen über sich ergehen lassen, und alles seinetwegen; ein paar kurze Zeilen von ihm, und das Leben ginge wieder seinen normalen Gang.

Hussel ist bereit, jeden Widerruf Rehers mit zu unterschreiben, verlangt aber eine Zufügung: daß wir auch unsere Kolonien wiederhaben wollen.

DONNERSTAG, 16. DEZEMBER 1976

[159]   Briefkasten.

Ein freundlicher Mensch hat mir einen Brief geschickt, ja, aus Berlin, Hauptstadt der DDR, ohne Absender, nur ein paar bedruckte Seiten darin, aus einer Westberliner Zeitschrift mit Namen Extradienst, Nr. 93, vom 26. November.

Ich blätterte, interessiert, denn ich erhalte dieser Tage wenig Post, und mit westlichem Material schon gar nicht, und ich sehe, da ist ein kleines Interview mit Wolfgang Harich, der vielerorts als Opfer Ulbrichts gilt, obwohl er, ich saß dabei, dem Labour-Abgeordneten Richard Crossman erklärte, er sei damals, der Konspiration angeklagt und des versuchten Umsturzes, durchaus zu Recht verurteilt worden.

[160]   Dokument

Aus: Wolfgang Harich über Wolf Biermann

Extradienst: Halten Sie den Appell einiger Schriftsteller und Künstler aus der DDR, ihre Regierung möge den Ausbürgerungsbeschluß noch einmal überdenken, für sinnvoll und aussichtsreich?

Harich: Nein. Zunächst deswegen nicht, weil ich zweifle, ob Biermann überhaupt daran liegt, in die DDR zurückzukehren, ob er nicht vielmehr die Dornenkrone des Unter-

177

drückten nunmehr gegen die des »Exilierten« auszutauschen gedenkt. Seine Reise zu öffentlichen Auftritten in der Bundesrepublik ist ihm genehmigt worden, nachdem eine westdeutsche Resolution dies gefordert hatte, die u. a. die Unterschriften eines Bonner Ministers und des Regierenden Bürgermeisters von Westberlin trug. Wenn Biermann daraufhin gleich bei der ersten Veranstaltung, der in Köln, überwiegend Satiren auf die DDR zum besten gab, so mußte er fest damit rechnen, daß man ihm hier die Rückkehr verwehren würde. Außerdem hat er nach erfolgter Ausbürgerung seinen Wunsch, heimzukehren, und die Betonung seines – vermeintlichen – Rechtsanspruchs darauf in Formulierungen gekleidet, die den Graben nur noch vertiefen mußten und jeder Regierung der Welt ein Einlenken unmöglich gemacht hätten. Was aber jenen Appell angeht, so ist er offensichtlich übereilt westlichen Medien zur Veröffentlichung zugespielt worden, bevor unsere Regierung Gelegenheit hatte, ihn zu prüfen, falls sie ihn zu diesem Zeitpunkt überhaupt schon in Händen gehabt hat. Der Appell war so von vornherein ungeeignet, Biermanns Heimkehr zu erwirken. Bestenfalls sind die Verfasser aus Naivität einer Finte aufgesessen. Bei dem einen oder anderen möchte ich nicht ausschließen, daß es ihm um moralische Selbstbefriedigung gegangen sein mag. So oder so entstand der Eindruck demonstrativer Offenbarung eines Gegensatzes zwischen prominenten Kulturschaffenden der DDR und ihrem Staat. Und wie kommunistisch regierte Staaten auf dergleichen zu reagieren pflegen, ist hinlänglich bekannt.

Extradienst: Ist Ihnen bewußt, daß Sie sich mit Ihren Antworten viele Sympathien verscherzen werden, nicht nur unter Liberalen und Sozialdemokraten, sondern auch in den Reihen der Linkssozialisten, ja selbst bei manchem Mitglied der DKP?

Harich: Der Wahrheitsgehalt meiner Auffassungen ist mir wichtiger als Imagepflege. Um die Integrität der eigenen Persönlichkeit besorgt zu sein, überlasse ich anderen, z. B. Stephan Hermlin, der seit vielen Jahren außer dieser Integrität kaum Nennenswertes mehr vorzuweisen hat, während ihm früher wenigstens mal eine wohlklingende Hymne auf Stalin gelang.

[161] Versammlung des Vorstands des Berliner Schriftstellerverbandes. Anwesend der größte Teil der Vorstandsmitglieder, achtzehn an der Zahl, einschließlich des Vorsitzenden, des Kollegen Görlich. Fünf von ihnen – Sarah Kirsch, Jurek Becker, Günter de Bruyn, Volker Braun, Dieter Schubert – gehören zu den ursprünglichen oder den später hinzugekommenen Unterzeichnern des Briefs der Schriftsteller; sie sind es, die heute ausgeschlossen werden sollen, ob sie nun Reue gezeigt haben, wie Volker Braun, oder nicht, wie die anderen.

Die Handhabe zum Ausschluß gibt Absatz V, Ziffer 7 des Verbandsstatuts:

Jedes gewählte Gremium kann mit Zweidrittelmehrheit weitere Verbandsmitglieder kooptieren. Gewählte Mitglieder aller Leitungen können durch das Organ, das sie gewählt hat oder dem sie angehören, mit Zweidrittelmehrheit abgewählt werden.

Aber vorher muß noch eine von der Parteigruppe des Vorstands vorgelegte Resolution bewältigt werden, durch die das Verhalten der Schriftsteller verurteilt wird, die den bewußten Brief unterzeichnet haben. Die Diskussion geht hin und her, doch jeder weiß, die Resolution wird angenommen werden, die Genossen sind vorher instruiert worden und selbst Volker Braun, der auch auf der Liste der Auszuschließenden steht, muß, da er nur eine strenge Rüge erhielt und nicht aus der Partei ausgeschlossen wurde, nach den Regeln der Parteidisziplin für die Resolution stimmen.

Die Spannung gilt dem zweiten Punkt der Tagesordnung: Antrag auf Ausschluß, Debatte, Abstimmung. Wird dieser Vorstand sich nicht nur seinen Fuß, sondern ein Drittel seines Leibes abhacken? Wird einer von den Zwölfen, den Nichtunterzeichnern, den Mut haben zu sagen, das geht doch nicht, das ist, statutengemäß oder nicht, der Bankrott. Oder nicht einmal das: es braucht ja nur einem von ihnen unwohl zu werden, und die knappe Zweidrittelmehrheit ist nicht mehr.

Die Abstimmung.

Wer bei der Debatte genau hingehört hat, weiß, daß von der Zweidrittelmehrheit nur etwa vier Kollegen wirklich glaubten, daß der Antrag auf Ausschluß berechtigt ist. Aber die Abstimmung ist nicht geheim, und jeder von den Zwölfen weiß, was auf ihn zukommen wird an kleinen und großen Unannehmlichkeiten, wenn er jetzt aus der Reihe tanzt. Und sowieso gehören die andern, die Fünf, zu den Prominenten und Erfolgreichen, und vielleicht haben sie, wie geflüstert wird, den Brief nur unterzeichnet, um ihre Westtantiemen zu halten, und wie kommt der Mensch dazu, sich wegen anderer Leute die Finger zu verbrennen.

Für den Antrag auf Ausschluß: zwölf.

Gegen den Antrag: fünf.

Der Genosse Volker Braun enthält sich der Stimme.

FREITAG, 17. DEZEMBER 1976

[162]   Bad Saarow, Maxim-Gorki-Heim, ein größeres Zimmer; an der einen Wand ein gedeckter Tisch mit verschiedenen kalten Platten, Getränken. Anwesend sind die acht Mitglieder des Schriftstellerverbands des Bezirks Frankfurt/Oder und drei Vertreter der Bezirksleitung der Partei, darunter der für Kulturfragen zuständige Sekretär.

Es geht um den Genossen Martin Stade, Autor des Romans »Der König und sein Narr«, der in einem verlassenen Vorwerk nahe dem Dorf Alt-Rosenthal wohnt; ein amtlicher Wolga hat ihn zu der Versammlung gebracht, denn um seinetwillen ist sie einberufen worden; ohne ihn kann das Verfahren nicht stattfinden, das nach Berliner Muster ablaufen wird, nur ist hier alles kleiner, provinzieller, durchschaubarer, und man benutzt die Gelegenheit zu einem geselligen Imbiß auf Verbandskosten.

Wie er denn zu den konterrevolutionären Ereignissen um Biermann stünde, wird Stade gefragt.

Stade ist ein untersetzter Mann mit kantigem Schädel, zu dem widerborstigen blonden Haar gehört ein ebenso widerborstiger Schnauzbart; er hat feste Auffassungen, die er mit ruhiger Stimme vertritt.

Ja, er habe den Text der Schriftsteller gelesen und ihn gebilligt, sagt er, und er habe ihn unterschrieben in Kenntnis der Tatsache, daß dieser Text für die Öffentlichkeit bestimmt war; denn auch die Ausbürgerung Biermanns sei ein öffentlicher Akt gewesen. Was hätte es, fragt er, Partei und Regierung denn gekostet, den offenen Brief der Schriftsteller offen zu beantworten; statt dessen antworte man mit Parteiausschlüssen, mit Entlassungen, mit der Ausübung allen möglichen Drucks. Fünf Schriftsteller habe man aus dem Berliner Verbandsvorstand ausgeschlossen. Das Resultat solcher Maßnahmen: die Kluft zwischen der Partei und der Intelligenz habe sich vertieft; und noch mehr Manuskripte würden jetzt nur noch im Ausland veröffentlicht werden, und zwar gerade die kritischen, die wir brauchen; und besonders die jungen Schriftsteller würden radikalisiert. So schiebe die Partei die Probleme vor sich her, statt sie zu lösen; statt die Realitäten zu sehen und die Medienpolitik zu ändern, so daß die Menschen mehr Informationen aus unseren Quellen erhalten, werde alles immer restriktiver. Das führe zu Selbsttäuschungen, und hier liege der Grund dafür, daß die Partei die Folgen der Ausbürgerung Biermanns falsch eingeschätzt habe, Folgen, die viel schwerer seien, als man erwartet habe.

Stade hat geendet. Er hat Eindruck gemacht, und der Genosse Bezirkssekretär weiß, er muß dem entgegentreten. Er hebt ein Exemplar der Frankfurter Rundschau, aus Frankfurt/Main, nicht Frankfurt/Oder, in die Höhe: hier, beim Klassenfeind, erscheine sein Name!

Stade bittet um Einsicht in das Blatt und stellt fest, daß der inkriminierte Artikel eine Besprechung seines Buches »Der König und sein Narr« ist.

Ja, triumphiert der Genosse Bezirkssekretär, aber wie komme es, daß gerade er, Martin Stade, in der Frankfurter Rundschau besprochen wird, nicht jedoch zum Beispiel der Genosse Helmut Preissler, der sich gehütet hat, den konterrevolutionären Brief der Schriftsteller zu unterschreiben?

Es nützt wenig, daß Stade erklärt, die Buchbesprechung in dem Westblatt sei dort vor dem Biermann-Skandal erschienen, zu einer Zeit also, wo seine Unterschrift die Redaktion der Rundschau kaum beeinflußt haben könne. Es stehen jetzt die Kollegen auf und nehmen der Reihe nach Stellung. Der eine spricht von den Ereignissen 1968 in der ČSSR, deren Wiederholung durch das Verhalten der Unterzeichner des Briefs, und Stades vor allem, auch hier drohe; so etwas, bekräftigt ein anderer, führe zur Konterrevolution; ein dritter will von Stade wissen, ob Biermanns Schicksal ihn schmerze; und wieder ein anderer sagt düster voraus, Stade werde ihn wohl, wenn sie gemeinsam im Schützengraben liegen, hinterrücks erdolchen.

Nun ziehen sich drei von den Mitgliedern, sie sind die Parteileitung, und die drei Vertreter der Bezirksleitung in einen Nebenraum zurück, um zu beraten. Nach einer Weile wird Stade zu ihnen gerufen; man eröffnet ihm, er habe zwanzig Minuten Bedenkzeit, um vielleicht noch zu einem anderen Standpunkt zu kommen, möglicherweise wolle er das mit dem einen oder anderen Genossen besprechen. Stade erwidert, er brauche keinen Aufschub.

Die kalten Platten müssen also warten, während das eigentliche Verfahren beginnt. Der Antrag auf Ausschluß wird von der Parteileitung gestellt und von mehreren der anwesenden Genossen Schriftsteller unterstützt. Debattiert wird nicht viel.

Bei der Abstimmung über den Ausschluß des Genossen Stade gibt es nur eine Stimme gegen den Antrag: Stades eigene.

Stade steht auf. Jemand fragt vorwurfsvoll, wie er das alles so kalt über sich habe ergehen lassen können, so ohne Gefühl und Reue, was für ein Genosse sei er denn. Stade antwortet nicht. Im Hinausgehen fällt sein Blick auf den Tisch mit den delikat arrangierten kalten Platten, den belegten Broten, den Getränken, alkoholfreien wie auch alkoholischen.

Er hat keinen Appetit.

[163]   Berlin, die Neubauten der Rathausstraße, hell erleuchtete Schaufenster, die einen Blick gestatten auf die Menschen, die sich in den Geschäften drängen; auch vor der Tür stehen sie und warten auf Einlaß.

Inge und ich sind in die Stadt gefahren, um Einkäufe zu machen; noch eine Woche bis Weihnachten, es wird Zeit.

Ich denke an die Weihnachtsfeste früher, was gab es da schon, 1952, als ich in diese Republik kam, und in den Jahren danach. Es ist, wenn auch langsam, besser geworden.

Warum dann die Ausreiseanträge?

Die Regierung hat dementieren lassen, daß es 200 000 wären.

SONNABEND, 18. DEZEMBER 1976

[164]   Es ist schon Tag. Wir liegen noch im Bett. Inge hat
die halbe Nacht nicht geschlafen, ihre Kopfschmerzen haben
sie wach gehalten, da helfen keine Pillen, da hilft nur der
Professor Dagobert Müller. Jetzt ist der Junge in der Schule,
jetzt ist Ruhe.

Nein, es klingelt. Mehrmals hintereinander.

Ich stolpere die Treppen hinunter: ein Telegramm vielleicht, irgendeine Hiobsbotschaft, was ist schon Angeneh-
mes zu erwarten in diesen Tagen.

In der Tür steht Rolf Schneider.

Dann im Wohnzimmer.

Schneider ist erregt, er hat uns sein Buch mitgebracht,
gerade erschienen, »Das Glück«, ein kleines Vorweihnachts-
geschenk, auf der Titelseite ein Hiob-Zitat,

... der Mensch wird zu Unglück geboren,
wie die Vögel schweben, emporzufliegen

ein eingemalter Pfeil dazu, hinweisend auf das handschriftli-
che Für S. H. / in diesem Sinne, / in diesen Tagen.

Ich bedanke mich. Aber darum der morgendliche Besuch?

O nein. Vielmehr möchte er wissen, ob ich meine Unterschrift zurückgezogen habe. Es gebe da Gerüchte.

Ich könne mich nicht entsinnen, sage ich, öffentlich oder

185

im privaten Kreise irgend etwas gesagt zu haben, was auch nur im entferntesten als Widerruf oder als Ausdruck des Bedauerns meiner Handlungen ausgelegt werden könnte. Aber woher das Gerücht?

Er habe es, sagt er nach einigem Zögern, von zwei Herren der bundesdeutschen Vertretung gehört.

Müßig, sich den Kopf darüber zu zerbrechen, wieso derart Gerüchte gerade dorthin gelangen und von da verbreitet werden; diese Stadt wimmelt von Gerüchten, und in dieser Zeit besonders.

Schneider, immer noch unruhig, hat das Thema gewechselt. Der Druck, sagt er, werde sich weiter steigern und sich immer mehr auf drei Mann konzentrieren, nämlich auf die drei Briefträger.

Briefträger?

Ja, natürlich – auf mich, der ich den bewußten Brief zu Reuters brachte, auf Hermlin, und auf ihn, denn er sei es bekanntlich gewesen, der Hermlin zum Neuen Deutschland und zu den Franzosen gefahren habe, da Hermlins Wagen an dem Tag nicht in Ordnung gewesen sei.

Als Fahrer könnte er höchstens der Beihilfe geziehen werden, sage ich; Hermlin hätte ja auch ein Taxi nehmen können.

Wir seien alle irgendwie erpreßbar, sagt er, wir beide, er und ich, über unsre Kinder. Ja die Schule; seine Tochter, das wisse ich ja, ginge in dieselbe Schule wie mein Sohn; wenn sie die Kinder zur Kasse bitten für das, was die Väter getan haben, das sei schrecklich; mein Sohn werde wohl auch beobachtet?

Ja, sage ich, seine Mitschüler hätten es ihm mitgeteilt, und sie hätten ihm auch gesagt, wer auf ihn angesetzt ist.

Und habe er seinen beantragten Studienplatz erhalten?

Noch nicht, sage ich, wir müssen abwarten.

Der Druck, plötzlich variiert er das Thema, werde sich noch steigern bis in den März 1977 hinein, das habe er von einem höheren Funktionär, der sehr ärgerlich gewesen sei, daß man so bald zurückstecken müsse, der Belgrader Helsinki-Nachfolge-Konferenz wegen, die im Frühsommer bereits anstehe.

Jetzt ist Inge da und bringt den Kaffee. Ob wir das Harich-Interview gelesen haben? fragt Schneider. Er habe Harich schon vor dessen Prozeß gekannt; damals sei er, noch sehr jung, gleichfalls Lektor im Aufbau-Verlag gewesen, im fünften Stock habe er gesessen, in Bodo Uhses Redaktion, Uhse machte die Literaturzeitschrift des Verlages. Ja, er habe das alles miterlebt, die politischen Gespräche, so manche Forderung, die damals erhoben wurde, habe er zu formulieren geholfen. Als man Janka dann den Prozeß machte, seien die Verlagslektoren einer nach dem anderen als Zeugen präpariert worden; man habe das Haus von unten nach oben durchkämmt, bis zur vierten Etage, dann habe man wohl geglaubt, genügend Belastungszeugen zu haben; so sei ihm, Schneider, erspart geblieben, aussagen zu müssen, oder aber Bodo Uhse, sein unmittelbarer Chef, habe ihn geschützt, Bodo Uhse, der übrigens selber tief in die Sache verwickelt war, es jedoch verstanden habe, sich einer Strafverfolgung zu entziehen. Was für ein Romansujet, das Ganze, man sollte wirklich darüber schreiben.

Ein fragender Blick.

Dafür, sage ich, müßte man ja wohl erst einmal Einblick in die Geheimakten haben. Und woran arbeite er?

Er plane einen Roman über Pontius Pilatus. Pilatus und Christus. Pilatus und Saulus, der zu Paulus wird, und warum.

Er entwickelt seine Idee. Die Idee ist gut.

[165]   Prof. Dr. Dagobert Müller, Neurologe, Psychiater, Chef der Kinderklinik im Krankenhaus Herzberge, wohnt außerhalb Berlins, in einem alten Haus mit großem Garten, in dem große Käfige mit großen bunten Vögeln, die sonderbare, fast menschenähnliche Laute hervorbringen.

Die Müllers sind aus Westdeutschland in die DDR gekommen, freiwillig, zu einer Zeit, als drüben angefangen wurde, wieder aufzurüsten; er war ein junger Arzt damals, voller Ideale.

Dagobert Müller plaziert Inge flach auf eine Empireliege; dann, hinter ihrem Kopf stehend, nimmt er diesen zwischen seine Hände, bewegt ihn hin und her, bis er glaubt, ihn in der genau richtigen Stellung zu haben – ein Ruck. Irgendwo zwischen den Wirbeln, deutlich hörbar, knackt es; Inge steht auf, schüttelt den Kopf, der Schmerz ist weg.

Beim Kaffee reden wir über Allgemeines, über die Papageien draußen in ihren Käfigen, die Kälte, jetzt im Dezember, wie ertragen die Tiere das, schließlich stammen sie aus viel wärmeren Zonen, ach, sagt Müller, sie ertragen das Klima sehr gut. Dann darüber, wer noch Papageien züchtet, ein schönes Hobby, macht große Freude, wenn einer sich darauf versteht. Sogar in Wandlitz, zwei Mitglieder des Politbüros, sie wohnten fast Haus an Haus, doch keiner wußte von dem andern, daß der auch Papageien züchtete, so geht das im Leben.

Wandlitz. Kein Ghetto, versicherte der Genosse Lamberz. Man kommt nicht los von der Sache. Da helfen auch keine Papageien.

Wandlitz, sagt Dagobert Müller, das ist doch spätestens seit Entebbe eine große Falle, seit die Israelis demonstriert haben, wie man ein Kommandounternehmen der Art auf die Schnelle durchführt – ein Zugriff und man hat die ganze Führung. Um wieviel sicherer würden die Genossen da in der

188

Stadt wohnen, in irgendwelchen Mietshäusern, unter den Menschen.

Müller hat so abstruse Ideen. Unter den Menschen.

SONNTAG, 19. DEZEMBER 1976

[166]   Ich treffe Franz Fühmann, zufällig.

Ich habe ihn ewig nicht gesehen, er verkriecht sich irgendwo außerhalb der Stadt, um zu arbeiten. Früher war er ein dicker Mensch, doch nicht von der behäbigen Sorte, mit der Heiterkeit der Dicken. Bei ihm aber verbirgt sich darunter eine große Sensibilität. Jetzt hat er sich das Fett abgehungert und hat Furchen im Gesicht.

Fühmann hat es sich nie leichtgemacht. Wenn einer an der alten Schuld getragen hat, der Schuld der Mitläufer, dann er. Jetzt wägt er sorgfältig, mit dem Instinkt des gebrannten Kindes, wo Recht liegt, wo Unrecht; nur nicht noch einmal verstrickt werden in das Netz, das gewoben wird aus dem Opportunen, dem zu leicht Eingängigen, den Scheinkategorien einer scheinbaren Logik.

Natürlich, sagt er, habe es Versuche gegeben, ihn zu beeinflussen, er möge seine Unterschrift zurückziehen und einen Widerruf irgendwelcher Art produzieren, doch sei dies im Rahmen von Gesprächen geschehen, die er sowieso mit Verlegern und Funktionären geführt habe.

Er beabsichtige nämlich, in die Bundesrepublik zu reisen, nach Frankfurt, zum Jubiläum des Suhrkamp-Verlags, dessen Autor er sei; andere hiesige Suhrkamp-Autoren führen zwar nicht, er sehe aber keinen Grund, nicht hinzufahren und dort zu sagen, was er denke. Ob er ein Ausreisevisum erhalten werde, wisse er nicht; jedenfalls habe er, als er den Antrag stellte, den Genossen im Ministerium klargemacht, daß er sich keinerlei Anweisungen erteilen lassen werde, wie er sich zu verhalten und wie er zu reden habe.

Und dann sein Problem mit dem hiesigen Verlag. Ich wisse ja wohl, daß eine Gesamtausgabe seiner Werke geplant sei, dazu gehöre ein Band seiner Nachdichtungen aus dem Tschechischen.

Und? frage ich.

Es gehe um eine Zeile, einen simplen Dank an den tschechischen Lyriker Ludvik Kundera, der ihm bei diesen Nachdichtungen geholfen habe; Kundera gehöre aber zu den personae non gratae in Prag, und sein Name dürfe, auf Veranlassung der tschechischen Behörden, auch in Büchern, die in der DDR erschienen, nicht erwähnt werden. Er, Fühmann, habe beim Kulturministerium der ČSSR gegen diese Einmischung in seine Angelegenheiten protestiert, sei aber keiner Antwort gewürdigt worden; später habe Ludvik Kundera ihn jeder Verpflichtung, seinen Namen zu nennen, entbunden. Er bestehe aber darauf, und nun werde der ganze Band nicht erscheinen, und damit sei die Gesamtausgabe natürlich in Frage gestellt.

Das sei doch ein großer finanzieller Verlust, erlaube ich mir zu bemerken.

Er habe Gott sei Dank eine gewisse Reserve durch seine Kinderbücher, sagt er.

MONTAG, 20. DEZEMBER 1976

[167] Heute ist die Parteiversammlung bei der DEFA, mit
allen künstlerischen Mitarbeitern – den Regisseuren, Dra-
maturgen, Szenaristen, Schauspielern.
   Inge ist sehr erregt, ihre Hände sind kalt, sie zittern. Sie
trägt sich mit dem Gedanken, aus der Partei auszutreten.
Gestern abend hat sie an ihrer Austrittserklärung gearbeitet,
auch heute früh noch.
   Ulrich Plenzdorf kommt, Inge abzuholen, auch er möchte
die langen Dreiviertelstunden bis Babelsberg nicht allein fahren, auch er ist nervös, man spürt es an der Art, wie er den
Mund verzieht zum Lachen, einem kurzen, gepreßten Lachen, viel zu häufig, dabei gibt es gar nichts zu lachen. Sein
Parteiverfahren wird im Spielfilmstudio behandelt werden,
denn als Szenarist gehört er zur Parteiorganisation der
DEFA.

[168] Ulrich Plenzdorf
   Einer seiner ersten Filme, »Karla«,wurde 1965, nach dem
11. Plenum, verboten. Inge und Plenzdorf sind durch die
Arbeit an den »Neuen Leiden des jungen W.« seit langem
miteinander verbunden. Von der Ideenskizze an bis zum
Szenarium hat sie die Sache mit ihm entwickelt und im
Studio durchgesetzt.

Vor Drehbeginn jedoch bekam die Studioleitung kalte Füße, und das Szenarium wurde, um die Wirkung zu testen, in der Akademiezeitschrift »Sinn und Form« veröffentlicht und dem Theater in Halle zur Dramatisierung angeboten. Das Theaterstück wurde ein Erfolg; außerdem wurde das Szenarium beim Hinstorff-Verlag als Erzählung gedruckt, und Plenzdorf wurde über Nacht als Buch- und Theaterautor berühmt.

Als der Film dann endlich doch gedreht werden sollte, unter der Regie von Heiner Carow, rief man die Parteileitung der DEFA noch einmal zusammen, damit sie beschließe, daß der Film kein rechtes Bild der Jugend der DDR zeige und daher besser nicht gedreht werden solle. Doch hatten Inge und ich schon Tage vorher intern erfahren, daß die »Leiden« nicht gemacht werden dürften – aber nicht, weil sie ein falsches Bild von der DDR-Jugend gäben, sondern weil es unter den höheren Parteifunktionären zu Auseinandersetzungen um das Projekt gekommen war, welche man einfach durch ein Verbot des Films aus der Welt zu schaffen gedachte.

[169]   Der Herr Pfarrer Magirius

Ein zurückhaltender Mensch, das Gesicht ein wenig müde, vielleicht ist er krank, oder er hat Mühe, seine Hemmungen zu überwinden. Er ist der Leiter der Aktion Sühnezeichen; im Oktober hat er mir geschrieben, daß alljährlich in den Tagen nach Weihnachten etwa dreihundert Teilnehmer und Freunde der Aktion Sühnezeichen zu einem Jahrestreffen in Berlin zusammenkämen, im Alter zwischen sechzehn und achtzig, in der Mehrzahl allerdings Jugendliche, aus allen Bildungsschichten, Protestanten und Katholiken, geeint alle im Gedenken des Sühnezeichens und bemüht um die Versöhnung mit den Nachbarvölkern, die in der Kriegszeit unter den

Deutschen gelitten haben; ich möchte da also hinkommen zu ihnen und ihnen etwas vorlesen und mit ihnen reden.

Und nun, sage ich, wollen wir das lieber ausfallen lassen?

O nein, sagt er, wie ich auf den Gedanken käme.

Der sei doch sehr naheliegend, sage ich.

Die Lesung finde statt, sagt er, die Teilnehmer der Zusammenkunft würden sehr enttäuscht sein, wenn ich absagte.

Ich dächte gar nicht daran, abzusagen, versichere ich.

Dann besprechen wir Einzelheiten, ob ich eine Viertelstunde vor Beginn da sein könnte, ja, selbstverständlich, und wie lange ich zu lesen beabsichtigte.

Ich begleite ihn zur Tür. Er wünscht mir ein frohes Fest.

An Weihnachten hatte ich gar nicht gedacht.

[170] Der Abend. Es ist schon nach acht. Ich warte.

Kipphardt hat mir geschrieben, daß heute abend sein Film »März« im Fernsehen läuft. Ich sehe mir den Film an von dem schizophrenen Dichter März, der im Grunde der einzig normale Mensch unter den Bedingungen einer leicht irren Welt ist. Irre ist auch, daß Kipphardt drüben im Westen Filme macht, ebenso wie sein Regisseur Jasny; beide kommen sie von hier, Heinar Kipphardt aus der DDR, Jasny aus Prag, beiden war es unmöglich gemacht worden, im Sozialismus zu arbeiten, Kipphardt schon in den fünfziger Jahren, Jasny nach dem Einmarsch 1968.

Wie viele Talente haben wir schon vergrault, wie lange können wir uns noch leisten, uns selber auszubluten, was ist das für eine Krankheit, bei der der Körper sein Lebendigstes abstößt?

Es geht schon auf Mitternacht.

Endlich ein Auto, das in den Weg vorm Haus einbiegt. Die Haustür.

194

Inge, hinter ihr Plenzdorf, Heiner Carow und noch zwei Kollegen von der DEFA, die ich nicht kenne.

Sie sind sichtlich erschöpft, aber die Erregung klingt nach. Sie reden durcheinander. Die Versammlung hat über fünf Stunden gedauert, um drei Uhr fing sie an, mehrmals wurde sie unterbrochen, wenn es zu heiß herging und die Offiziellen in Bedrängnis gerieten und sich zurückziehen mußten, um die Resolution umzuschreiben. Als es dann vorbei war und man sich auf den Heimweg machte, beschlossen die fünf, unterwegs im Flughafenrestaurant in Schönefeld zu essen, um sich zu beruhigen und Rückschau zu halten, hat man sich richtig verhalten, hätte man dies schärfer sagen, das noch erwähnen sollen.

Danach mochten sie sich immer noch nicht trennen und kamen zu uns ins Haus.

Ich hole den Rotwein.

Der Resolutionsentwurf, vorgelegt von der Parteileitung, habe in Ton und Inhalt der Entschließung der Parteigruppe des Berliner Schriftstellerverbandes geähnelt. Die schärfsten Angriffe gegen die Unterzeichner des Briefs und all jene, die sich auf ihre Seite stellten, lauteten: es sei »organisiert, konspiriert und erpreßt« worden. Anschließend habe man den hohen Preis betrauert, den die Partei zu zahlen habe; wofür, weshalb, an wen und in welcher Form wurde nicht detailliert.

Zum Punkt Erpressung habe sich auch der Genosse Henschel geäußert, ein Mitarbeiter des Zentralkomitees. Gebeten, Beispiele zu nennen, wußte er nur zu berichten, daß der Schauspieler Manfred Krug versucht habe, die Genossin Gisela Steineckert unter Drohungen zu veranlassen, ihre Unterschrift dem Brief der Schriftsteller hinzuzufügen. Darauf sei Plenzdorf aufgesprungen und habe protestiert, er sei an dem fraglichen Tag bei Krug gewesen und habe miterlebt, wie die Genossin Steineckert zu Krug gekommen sei, den Text des

Briefes gelesen, dann aber gezögert habe, zu unterschreiben; Krug habe ihr in ruhigem Tone erklärt, niemand werde ihr übelnehmen, wenn sie es nicht täte. Durch diese Aussage sei der Genosse Henschel derart aus dem Konzept gekommen, daß der Vorsitzende die Versammlung unterbrach.

Danach hätten auch andere Genossen die dem Resolutionsentwurf zugrundeliegenden Behauptungen in Frage gestellt. So wurde gesagt, nicht der durchaus gemäßigte Brief der Schriftsteller mit seiner bescheidenen Bitte an die Regierung habe den Konflikt herbeigeführt, sondern die Ausbürgerung Biermanns, eine Maßnahme der Regierung; und verschärft worden sei der Konflikt nicht so sehr durch den zu erwartenden Lärm im Westen als durch die bösartige Kampagne, die innerhalb der Reihen der Partei gestartet wurde, eine Kampagne, geführt gegen Genossen, die Jahre hindurch, hier und im Ausland, ihre Treue zur Partei und zur Republik erwiesen hätten und die nun als Konterrevolutionäre bezeichnet würden. Ein älterer Genosse, mit langer Parteierfahrung, habe gewarnt, er kenne Resolutionen wie die jetzt vorgeschlagene; wie viele der Art habe es in der Geschichte der Partei schon gegeben, wieviel Richtiges wurde schon verdammt, wieviel Falsches gebilligt, und wie viele von denen, die ihre Stimme solchen Resolutionen gaben, hätten ihr Ja später bereut und sich genarrt und lächerlich gefühlt.

Das Ausschlußverfahren gegen Plenzdorf habe nicht lange gedauert. Es seien ihm zwei Fragen vorgelegt worden: ob er seine Unterschrift unter dem Brief der Schriftsteller bedaure, und ob er bedaure, daß der Brief den Westmedien übergeben worden sei. Auf beide Fragen habe er kurz und bündig mit Nein geantwortet, habe jedoch hinzugefügt, daß er sich in der Sache mit erfahrenen Genossen beraten habe, vor allem mit seiner Mutter, deren Vergangenheit als Kämpferin gegen den Faschismus ja bekannt sei; seine Mutter habe ihm gesagt, er solle nach seiner Überzeugung handeln, so wie auch sie zu ihrer Zeit nach ihrer Überzeugung gehandelt habe.

Zu der Endfassung des Resolutionsentwurfs wie auch zu dem Antrag auf Ausschluß des Genossen Ulrich Plenzdorf aus der Partei habe es mehrere Nein-Stimmen und eine Anzahl von Stimmenthaltungen gegeben, bei offener Abstimmung.

[171] Dokument
Aus der Austrittserklärung der Genossin Inge Heym, dem Parteisekretär nach der Versammlung am 20. Dezember 1976 übergeben:

Es heißt im Neuen Deutschland vom 17. November: »Die zuständigen Behörden der DDR haben Wolf Biermann, der 1953 in die DDR übersiedelte, das Recht auf weiteren Aufenthalt in der Deutschen Demokratischen Republik entzogen.«

Ich habe diesen Vorgang genauso empörend gefunden wie die Schriftsteller, die dagegen protestierten und baten, die Maßnahme noch einmal zu überdenken...

Die Tatsache, daß die einzige Möglichkeit, eine solche Meinungsäußerung zu einer öffentlichen Angelegenheit überhaupt an die Öffentlichkeit zu bringen, darin besteht, westliche Medien zu benutzen, halte ich für bedauerlich. An diesem Punkt müßte eine wirkliche Diskussion einsetzen, denn auch jetzt hat es sich wieder erwiesen, daß es bei uns eine Öffentlichkeit nur für zustimmende Meinungen gibt.

Wenn jetzt in vielen Parteiorganisationen Genossen aus der Partei ausgeschlossen werden und strenge Parteistrafen erhalten, weil sie gegen diese Maßnahme der »zuständigen Behörden« protestiert haben, so ist das für mich unbegreiflich und unvereinbar mit meinen Vorstellungen von der Partei...

Mein Verhältnis zur Partei ist nicht zuletzt durch meine Erlebnisse in den vergangenen Wochen so tief erschüttert worden, daß es für mich nicht mehr möglich ist, Mitglied der Partei zu sein.

DIENSTAG, 21. DEZEMBER 1976

[172] Wie lange läuft die Aktion nun schon, reichliche vier
Wochen, Zeit genug, um zur Institution zu werden, jeder
weiß, was für Gespräche mit wem geführt, welche Fragen
dabei gestellt und welche Antworten erwartet werden. Der
dialektische Vorgang Sünde–Reue–Buße ist zur Routine geworden, der selige Martin Luther hätte seine Freude daran
gehabt, der böse Volksmund spricht bereits von den zweier-
lei Ablaßzetteln, dem kleinen und dem großen, dem kleinen,
bei dem die Übergabe des Briefs an die Westmedien bereut
wird, und dem großen, bei dem der Sünder total in sich geht,
Biermann verdammt, die Maßnahme der zuständigen Behörde begrüßt und jeder Kritik daran abschwört. Angewen-
det wird das Verfahren nicht etwa nur gegen die Unterzeichner des Briefs, deren Gesamtzahl sich auf kaum mehr als 150
belaufen dürfte, sondern auch gegen die, die in internem
Parteikreis ein Wort riskiert haben, sowie gegen alle, von
denen angenommen wird, sie könnten sich dem Protest angeschlossen haben, hätten sie nur die Gelegenheit gehabt: je
größer das Netz, desto reicher der Seelenfang.

Dabei gibt es interessante Varianten. So entwickelte ein
Institut der Humboldt-Universität eine listige Kombination:
Verurteilung des Konterrevolutionärs Biermann plus Protest
gegen den bundesdeutschen Freispruch des Deserteurs

199

Weinhold, der bei seiner Flucht über die Grenze zwei Soldaten der Volksarmee erschoß. Der Student also, der sich weigert, Biermann zu verteufeln, billigt somit die Tat des Weinhold – wären die Jesuiten nicht zum Zölibat verpflichtet, man könnte meinen, der Erfinder dieser Zwickmühle stamme in direkter Linie von einem Angehörigen des Ordens des heiligen Ignatius von Loyola ab.

Auch jener übergeordneten Parteileitung beim Fernsehfunk sollte gedacht werden, die sich nicht damit begnügen mochte, daß der arme Sünder sich bei der untergeordneten mit dem kleinen Ablaßzettel aus der Affäre zog; dies genüge nicht, ordnete sie an, der Genosse müsse vielmehr unterschreiben, daß er an einer konterrevolutionären Konspiration teilgenommen habe. Die Aufforderung an den Verurteilten, sich den tödlichen Strick auch noch selber um den Hals zu legen, ist neu; bislang besorgte das der Henker.

[173] Dokument

Aus einem Brief von Wolfgang Schreyer an die Bezirksleitung Magdeburg der SED:

Ich konnte vorgestern Ihrer (recht kurzfristig ergangenen) Einladung wegen einer Familienfeier nicht folgen...

Wie Sie wissen, trete ich stets, zumal im Ausland, für unsere Republik und im Prinzip auch für deren Kulturpolitik ein... Das schließt aber Kritik nicht aus, wenn sich partielle Verengungen andeuten (etwa in der für uns Autoren vitalen Frage der Zensur). Wo immer es mir möglich ist, sage ich dazu in angemessener Form meine Meinung. Ein anderes Verhalten – nämlich öffentlich allem zuzustimmen und heimlich zu schimpfen – erscheint mir als schädlich in jeder Hinsicht, für alle Beteiligten... Persönliche Nachteile sind da in Kauf zu nehmen.

Der Hauptvorwurf gegen die dreizehn Erstunterzeichner

des Briefs an das Neue Deutschland – und damit gegen mich, der ich mich mit reisebedingter Verspätung der Erklärung in Inhalt und Form angeschlossen habe – zielt auf die Tatsache der Textübermittlung an »imperialistische Agenturen«... Die Unterzeichner, mit denen ich nach meiner Rückkehr aus Kuba sprach, bedauerten, daß der Zustand unseres Informationswesens sie zwang, sich an Reuters bzw. AFP zu wenden, wenn ihre Stimme überhaupt gehört werden sollte. Ich meine mit ihnen, daß ein sozialistisches Informationswesen es nicht nötig haben sollte, vorauszusetzen, daß gegnerische Medien gehört und als Erstinformation benutzt werden. In manchen Punkten ist unsere Presse ja gar nicht verständlich, wenn man nicht die vorangegangenen Nachrichten kennt; ein Teil der Pressetexte informiert nicht, sondern setzt Informationen von der anderen Seite voraus und kommentiert sie dann. So aber gibt man das Gesetz des Handelns aus der Hand! Ich finde das schlimm, habe aber diesen Zustand nicht zu verantworten. Viel lieber wäre es mir gewesen, das ND hätte den so maßvoll abgefaßten Brief gedruckt, und der Westen hätte das ND zitieren müssen: das hätte den Versuchen, die Vorgänge um Biermann gegen die DDR auszuspielen, von vornherein die Spitze genommen.

Oder besser noch, dieser ungewöhnliche und rechtlich denkbar schwach abgestützte Ausbürgerungsakt wäre ganz unterblieben. Wer garantiert denn, daß nicht eines Tages weitere solche Schritte erfolgen? Die Vorstellung, Freunde von mir – wie Kunze oder Heym – könnten davon betroffen sein (und, wenn ich mich dagegen stelle, auch ich), hat mich alarmiert und mit Sorge erfüllt. Auch könnte das Beispiel in der BRD Schule machen; falls dort einmal eine Rechtsgruppierung zur Macht kommt, könnte sie unbequeme Linke in die DDR abschieben. Dies liefe schließlich, bezogen auf beide deutsche Staaten, auf das hinaus, was Brecht vor 23

201

Jahren, dem Dichter Kuba antwortend, ironisch schrieb: daß
nämlich die Regierung, vom Volk enttäuscht, dieses auflösen
und sich ein neues wählen möge.

MITTWOCH, 22. DEZEMBER 1976

[174]   Ärztliches Sprechzimmer in einer Poliklinik. Der Arzt, im weißen Kittel: Also lassen Sie mal sehen.

Es juckt auch, sage ich.

Er inspiziert die Kopfhaut, den Rücken, die Waden. Wie lange haben Sie das schon, fragt er.

Eine Woche, zehn Tage vielleicht. Zuerst habe ich es nicht beachtet, irgendeine Allergie, habe ich gedacht, es wird schon wieder weggehen.

Haben Sie irgendwelche Aufregung gehabt, will er wissen.

In gewissem Sinne, sage ich, ja.

Bei den einen legt sich's aufs Herz, bei den andern auf den Magen, bei wieder andern auf die Haut, sagt er.

Ich muß an Jurek Becker denken: als der nach Haus kam von einer der Parteisitzungen des Schriftstellerverbandes, sagte er, plötzlich habe er sich gefühlt, als hätte er lauter Quaddeln am Leibe.

Wir kriegen das schon weg, sagt der Arzt und füllt ein Rezept aus. Aber es wird eine Weile dauern.

[175]   Frankfurter Allee. Mit Inge die Straße entlang in der Hoffnung, es möchte sich etwas in den Schaufenstern finden, das sich zum Verschenken eignet.

Ein Mann kommt uns entgegen, stutzt. Er und Inge begrüßen einander, sie haben sich lange nicht gesehen; jetzt erkenne auch ich ihn, es ist der Dokumentarfilmregisseur Jürgen Böttcher.

Er hat schon gehört, ja: Austritt aus der Partei, es hat sich herumgesprochen. Wie es ihm geht? Schlecht. Seit er seine Unterschrift gegeben hat für den Brief der Schriftsteller, werden die Filme, die er dieses Jahr gedreht hat, plötzlich wieder überprüft, schon 1966, nach dem 11. Plenum habe man ihm einen Spielfilm verboten, immer war er unbequem, Herr Böttcher, wo bleibt das Positive, und gerade die Filme, die er jetzt fertig hat, Dokumentarfilme, gehören zu seinen besten, da ist er sicher, und nun hat er Angst, sie werden nicht gezeigt werden, werden irgendwo verschwinden, und nie wird er eine Kopie haben von seiner Arbeit – als wäre sie nie getan worden, als hätte er nie die Menschen gesehen, mit seinen Augen, seinen traurigen Augen, und mit dem Auge seiner Kamera.

Wir wünschen ihm ein frohes Fest, was soll man schon sagen.

[176]   Eine große Buchhandlung, Andrang, jetzt vor Weihnachten. Wir warten vor dem Verkaufstisch.

Dann ist es soweit, die Verkäuferin nickt. Wir hätten gerne... Aber sie werden es wohl nicht haben... Von Christa Wolf, das neue... »Kindheitsmuster«.

Die Verkäuferin blickt mich an. Einen Moment mal, Herr Heym, sagt sie.

Sie verläßt ihren Verkaufstisch, geht durch den Laden nach hinten, verschwindet durch eine Tür. Sie bleibt eine Minute weg, zwei, drei, die Leute hinter uns werden spürbar ungeduldig, die Sache wird mir unangenehm, warum sucht man nicht Bücher aus, die auf dem Tisch liegen oder durch einen Griff ins Regal herbeizubringen sind.

Doch da ist sie wieder, das Buch in ihrer Hand trägt sie vorsichtshalber in das graue Packpapier gewickelt. Neun Mark neunzig, sagt sie, und alles Gute.

Die Privilegien, die das Volk gibt.

DONNERSTAG, 23. DEZEMBER 1976

[177]   Die Hektik läßt nach.

Es ist, als hätte jemand den Fuß vom Gashebel des Alltags genommen. Heute und morgen wird nicht mehr viel geschehen; in der Vorstimmung des Festes regen sich Kindheitssentiments bei denen, die die Entscheidungen treffen, wie bei denen, die davon betroffen werden; in den Ämtern wird bereits gefeiert, die Prämiengelder sind verteilt, und die ungeschriebene Losung lautet: Verschieben wir das bis nach den Feiertagen.

Zeit also, nachzudenken, zu überlegen, war dies richtig gewesen und jenes falsch, was wäre geschehen, wenn wir nicht so gehandelt hätten, sondern anders; kein Tag ohne Scheideweg.

Dann schiebst du die ganze komplizierte Buchhaltung beiseite, weil du die Unmöglichkeit selbst einer Zwischenbilanz feststellen mußt. Es ist alles in der Schwebe; was in Bewegung gesetzt wurde, bewegt sich weiter; was bedeutet schon im großen Spiel der Kräfte die Willkür des Kalenders mit seinen Festen.

Das Kind in der Krippe wurde gekreuzigt, nachdem es aufgewachsen.

[178] In die Stille hinein doch wieder die Glocke an der Haustür. Zwei junge Männer aus dem Westen.

Sie sind, erklären sie, die Sendboten jenes andern jungen Mannes, der aus Frankfurt am Main gekommen war, ich erinnere mich doch wohl, des Genossen Richter von der Sozialistischen Verlagsauslieferung, wegen des Dichters Peter-Paul Zahl, der zu fünfzehn Jahren verurteilt wurde von einem bundesdeutschen Gericht.

Aber ja, ich erinnere mich durchaus, die Jury, der Peter-Paul-Zahl-Preis für das beste Buch über den Strafvollzug, bitte kommen Sie doch herein.

Die beiden nehmen Platz auf den Sesseln.

Kaffee?

Ja, danke. Aber trotz des Kaffees sehen sie aus, als fühlten sie sich nicht ganz behaglich, und sie bitten um Entschuldigung wegen der Störung, einen Tag vor Heiligabend, aber es sei ihnen eilig gewesen wegen des Materials über Peter-Paul Zahl, mehrere Broschüren, in denen alles Wichtige stehe über seine Verhaftung, seinen Prozeß, das ungerecht hohe Urteil, das man nur als Klassenjustiz bezeichnen könne.

Ihr Freund Richter habe mir das Material versprochen, sage ich, damit ich einen Einblick erhielte in die Vorgänge.

Und nun hätten sie das Material doch nicht, sagen sie. Beschlagnahmt. An der Grenze. Vom DDR-Zoll. Alle anderen hätten ohne weiteres durchfahren dürfen, aber ihr Wagen sei von oben bis unten durchsucht worden von den Genossen vom Zoll.

Ob sie gesagt hätten, daß sie zu mir wollten.

Nein; es habe sie auch keiner danach gefragt. Es war, als hätte man beim Zoll gewußt.

Natürlich, sage ich, schauen Sie sich doch selber mal an.

Sie schauen einander an.

Sie tragen Uniform, sage ich, weithin erkennbar.

207

Uniform?

Die Jeans und die Schuhe und sämtliches Zubehör, und wichtiger noch, wie Sie das tragen, und Bart und Frisur dazu, und die Haltung und der Gesichtsausdruck – links, links, links. Dafür hat die Behörde einen Blick, bei Ihnen drüben wie bei uns.

Ja, sagen sie, daran wird es wohl gelegen haben.

Dann schenke ich ihnen je ein Buch, zu Weihnachten und um sie aufzuheitern; hinausnehmen darf man Druckschriften aus der DDR, sofern sie hier produziert wurden.

FREITAG, 24. DEZEMBER 1976

[179]   Es ist dunkel geworden draußen.

Der Baum ist geschmückt. Wir zünden die Lichter an.
Musik.

Wir sitzen zu dritt am Tisch – der Junge, Inge, ich.

Die Musik hört auf, die Platte ist zu Ende. Ich soll vorlesen,
sagt Inge.

Ich schlage das Buch auf, suche die Stelle, lese:

Und es waren Hirten in derselben Gegend auf dem Felde
bei den Hürden, die hüteten des Nachts ihre Herde.

Und siehe, des Herrn Engel trat zu ihnen, und die Klarheit
des Herrn leuchtete um sie; und sie fürchteten sich sehr.

Und der Engel sprach zu ihnen: Fürchtet euch nicht!
Siehe, ich verkündige euch große Freude, die allem Volk
widerfahren wird.

POSTSCRIPT

Wie sah nun die Gegenseite das Ganze, und wieviel wußte sie?

In dem Bericht von seinem Treff mit unserer Frieda, datiert vom 8. Dezember 1976, erwähnt Oberleutnant Scholz:

Der IM übergab zu den von ihm getroffenen Feststellungen über den Inhalt des Manuskriptes einzelne Manuskriptseiten, die er konspirativ aus dem Papierkorb Heyms entnehmen konnte, bevor der Inhalt des Papierkorbs verbrannt wurde.

Wenig später, im Treffbericht vomn 18. Dezember, heißt es dann:

Das obengenannte Manuskript wird von Heym jedesmal, wenn er die Wohnung verläßt, weggeschlossen. Dies widerspricht vollkommen seinen sonstigen Gewohnheiten, da er sonst die laufenden Arbeiten immer auf seinem Schreibtisch offen liegen läßt.

Und am 23. Dezember:

210

Weiterhin berichtete der IM, daß Heym nach wie vor an seinem Manuskript über die Ereignisse um Biermann arbeitet. Der IM konnte feststellen, daß Heym dieses Manuskript jedesmal, wenn er sein Arbeitszimmer verläßt, im Schreibtisch verschließt. Bei einer konspirativen Einsichtnahme wurde dem IM bekannt, daß das Manuskript den Titel »16. November 1976» trägt und am 20. 12. 1976 bereits 85 Seiten umfaßte. Einen abgeschnittenen Teil der Seite 85 entnahm der IM Heyms Papierkorb (Anlage).

In der Tat finden sich in sämtlichen Treffberichten aus der Zeit sorgfältige Angaben über den Fortschritt der Arbeit, mitsamt den jeweiligen Seitenzahlen des Manuskripts, von 44 bis 208. Nur im letzten der mit dem Thema befaßten Frieda-Berichte fehlt diese Erwähnung; dafür erfahren wir aber, wie es mit dem Manuskript weiterging.

Hauptabteilung XX/OG*   *Berlin, den 18. 2. 1977*
                                   Scho/Ta

                    Treffbericht

Quelle: IMV »Frieda«
Zeit: 15. 2. 1977, 14.00–15.30 Uhr
MA: Oltn. Scholz

---

* OG kurz für Operativgruppe, die im Januar 1976 in der Hauptabteilung XX gebildet wurde, um sich besonders mit einigen OV-Vorgängen zu befassen, darunter OV Lyrik – Biermann – und OV Diversant – Stefan Heym. Aus dieser Operativgruppe entstand später die Abteilung XX/9.

211

Treffverlauf

Der Treff fand entsprechend der vorherigen Vereinbarung statt und verlief ohne Zwischenfälle und Vorkommnisse. Der IM war während des Treffs aufgeschlossen und berichtete bereitwillig entsprechend der Aufgabenstellung. Dem IM wurde anläßlich des 27. Jahrestages des MfS für seine gezeigten Leistungen eine Prämie in Höhe von 300,– Mark überreicht. Bei der Prämierung zeigte sich der IM über diese Anerkennung seiner Arbeit stark beeindruckt und versicherte, daß er auch weiterhin alle ihm übertragenen Aufgaben gewissenhaft und mit hoher Einsatzbereitschaft realisieren wird.

Berichterstattung

Einleitend berichtete der IM, daß Heym die Arbeit am Manuskript »16. November 1976« offensichtlich beendet hat. Dies schließt der IM daraus, daß seit ca. 2 Wochen keine Teile dieses Manuskriptes mehr im Papierkorb Heyms waren und Heym sich z. Zt. wieder mit dem bereits vor längerer Zeit genannten Manuskript über ein Thema aus dem Gesundheitswesen beschäftigt. In diesem Zusammenhang berichtete der IM, daß Heym am 4. 2. 1977 Besuch von der Lektorin des Bertelsmann-Verlages, Ingrid Grimm, hatte. Seit diesem Zeitpunkt konnte der IM das Manuskript »16. November 1976« nicht mehr bei Heym feststellen, so daß der IM vermutet, daß die Grimm dieses Manuskript mit in die BRD genommen hat.

Im Frühjahr 1977 verhalf unsere Frieda ihren Freunden von der Hauptabteilung XX neben den eher zufälligen Funden aus dem Papierkorb zum gesamten Manuskript, welches diese sorgfältig kopierten und für die Nachwelt aufbewahrten.

Aus einem Monatsbericht der Hauptabteilung XX vom April 1977, den OV Diversant betreffend:

Heym weilte im Berichtsmonat zu einem längeren Urlaubsaufenthalt in der ČSSR. Zur Kontrolle des Ehepaares Heym wurde ein IM der OG zum Einsatz gebracht. Aus dem vorliegenden IM-Bericht geht hervor, daß keine negativfeindlichen Aktivitäten oder Kontaktaufnahmen durch Heym und Ehefrau unternommen wurden. Es wird daran gearbeitet, eine durch den IM hergestellte Verbindung über dritte Personen zu überprüfen mit dem Ziel, festzustellen, ob diese Verbindung ausbaufähig und operativ nutzbar ist.

Die operative Kontrolle des Heym in der ČSSR wurde außerdem mit der Abteilung X koordiniert.

Durch den zielgerichteten Einsatz eines IMV der OG konnte unter Ausnutzung der Urlaubsreise des Heym folgendes Material kurzzeitig konspirativ aus der Wohnung des Heym beschafft und dokumentiert werden:

— Tagebuchaufzeichnungen Heyms vom Mai 1976 – Februar 1977;

— Durchschlag des Manuskriptes »Der 16. November 1976« von Heym;

— Teil 1 des Manuskriptes »Collin« von Heym.

Die genannten Materialien konnten durch den IM nach erfolgter Dokumentierung ohne Zwischenfälle an ihren Aufbewahrungsort zurückgelegt werden.

Ein Teil der dokumentierten Materialien wurde der zuständigen Diensteinheit zur Übersetzung* zugesandt und das Manuskript »Der 16. November 1976« der Juristischen Hochschule Potsdam zur Einschätzung zur Verfügung gestellt.

---

* Die Tagebuchaufzeichnung von Mai 1976 – Februar 1977 wurden in englischer Sprache geschrieben.

In Zusammenarbeit und Koordinierung mit der KD Köpenick wurde der Sohn des Heym und dessen Umgangskreis operativ weiter aufgeklärt. Ebenso wird an der Aufklärung anderer Heym-Verbindungen operativ gearbeitet.
Mit der Abteilung 26 werden in koordinierten Absprachen notwendige operativ-technische Maßnahmen vorbereitet.

Schon vorher jedoch hatte man sich in den Stäben des Ministeriums Gedanken darüber gemacht, wie denn der Autor des Manuskripts »Der 16. November 1976« oder besser »Der Winter unsers Mißvergnügens« einzuschätzen und wie mit ihm und den Menschen um ihn herum zu verfahren sei. Das Resultat dieser Überlegungen wurde in einem *Bearbeitungskonzeption* genannten Dokument festgelegt, das ich hier, mit Ausnahme der persönlichen Daten der aufgelisteten Personen, im Wortlaut folgen lasse.

Hauptabteilung XX/OG   *Berlin, den 19. 1. 1977*
                               Lo/Ta

                               bestätigt:

Bearbeitungskonzeption

zum OV »Diversant«, Reg.-Nr.: XV/334/66

gegen

Heym, Stefan
       geb. am 10. 4. 1913 in Chemnitz
       wh. 118 Berlin, Rabindranath-Tagore-Straße 9
       freischaffender Schriftsteller
       verheiratet, 1 Kind

Zielstellung:

Die Bearbeitung des Vorganges erfolgt mit dem Ziel

— *der Nachweisführung der staatsfeindlichen Verbindungen, Aktivitäten und Handlungen gemäß § 97 (Spionage), § 98 (Sammlung von Nachrichten), § 100 (Staatsfeindliche Verbindungen) und § 106 (Staatsfeindliche Hetze);*

— *der Erarbeitung von Beweisen, daß der Verdächtige durch Mitarbeiter kapitalistischer Verlage, Massenmedien und diplomatischer Vertretungen in der DDR bei der Durchsetzung ihrer feindlichen Ziele gegen die DDR als Stützpunkt benutzt wird bzw. der Verdächtige diese Personen zur Durchsetzung seiner feindlichen Ziele ausnutzt;*

— *der rechtzeitigen Aufklärung und Dokumentierung der feindlichen Pläne und Absichten des Verdächtigen sowie der Einleitung von Maßnahmen zur Unterbindung ihrer Wirksamkeit*

— *der Feststellung und Herausarbeitung der politisch-ideologischen Konzeption des Verdächtigen;*

— *der weiteren Aufklärung und operativen Kontrolle des Verbindungskreises des Verdächtigen, der Herausarbeitung der Rolle dieser Verbindungspersonen bei der Durchsetzung der feindlichen Pläne und Absichten sowie der Dokumentierung des Zusammenspiels des Verdächtigen mit anderen feindlich-negativen Kräften;*

— *der Vorbereitung und Durchführung von Maßnahmen zur Isolierung und Zersetzung.*

Aufgabenstellung und Maßnahmen:

1. Auf der Grundlage der bereits erarbeiteten Materialien ist weiterhin aufzuklären und nachzuweisen, daß HEYM, Stefan

 — *Tatsachen, Gegenstände oder sonstige Nachrichten,*

die im politischen Interesse oder zum Schutz der DDR geheimzuhalten sind, für einen imperialistischen Geheimdienst oder für andere Organisationen, Einrichtungen, Gruppen oder Personen, deren Tätigkeit gegen die DDR oder andere friedliebende Völker gerichtet ist, sammelt, ausliefert oder verrät (entsprechend den Anforderungen der Tatbestandsmerkmale des § 97 StGB);

- *Nachrichten, die geeignet sind, die gegen die DDR oder andere friedliebende Völker gerichtete Tätigkeit von Organisationen, Einrichtungen, Gruppen oder Personen zu unterstützen, für sie sammelt oder ihnen übermittelt (entsprechend den Anforderungen der Tatbestandsmerkmale des ·§ 98 StGB);*

- *zu Organisationen, Einrichtungen, Gruppen oder Personen Verbindung aufnimmt, deren Tätigkeit sich gegen die DDR oder andere friedliebende Völker richtet (entsprechend den Anforderungen der Tatbestandsmerkmale des § 100 StGB);*

- *mit der Absicht und Zielstellung, die sozialistische Staats- und Gesellschaftsordnung der DDR zu schädigen oder gegen sie aufzuwiegeln*

  - *Schriften mit diskriminierendem Inhalt herstellt und verbreitet*

  - *andere Personen dazu auffordert, Widerstand gegen die sozialistische Staats- und Gesellschaftsordnung der DDR zu leisten*

  - *Repräsentanten oder die Tätigkeit staatlicher Organe und Einrichtungen diskriminiert (entsprechend den Anforderungen der Tatbestandsmerkmale des § 106 StGB).*

Dazu ist erforderlich

1.1. *Einsatz des IM »Frieda« zur Herausarbeitung der von HEYM entwickelten Aktivitäten, insbesondere im Zusammenhang mit diplomatischen Vertretungen, in der DDR akkreditierten westlichen Korrespondenten und Reisejournalisten sowie seine Absichten zu weiteren Veröffentlichungen, Interviews und Lesereisen im Zusammenwirken mit westlichen Massenmedien und Publikationsorganen.*
   <u>Verantwortlich:</u> *Oltn. Scholz*

1.2. *Einsatz des IM »Galina Mark« unter Ausnutzung und Vertiefung des bestehenden Vertrauensverhältnisses zur Aufklärung und Herausarbeitung der feindlichen Pläne und Absichten HEYM's, seiner politisch-ideologischen Zielstellung und seiner Verbindungen.*
   <u>Verantwortlich:</u> *Major Lohr in Verbindung mit der BV Potsdam, Abt. XX*

1.3. *Einsatz des IM »Lachs« im Wohngebiet HEYM's, zur weiteren Kontrolle und Aufklärung seines Verhaltens und Umgangskreises sowie zur Feststellung von Zusammenkünften.*
   <u>Verantwortlich:</u> *Oltn. Scholz*

1.4. *Prüfung der Einsatzmöglichkeiten des IM »Eule« zur weiteren Bearbeitung HEYM's und seines Verbindungskreises.*
   <u>Verantwortlich:</u> *Major Lohr*

1.5. *Aufklärung, Gewinnung, Überprüfung und Einsatz neuer IM-Kandidaten aus dem operativ bekannten Verbindungskreis HEYM's zur*
   – direkten Bearbeitung des H. und
   – Aufklärung seiner operativ bedeutsamen Kontakte mit dem Ziel, in das Verbindungssystem einzudringen.

Verantwortlich: Major Lohr, Oltn. Scholz, Oltn. Köhler

1.6. *Analysierung des vorhandenen und neu erarbeiteten operativen Materials zur Herausarbeitung von weiteren Hinweisen bzw. Verdachtsmomenten der nachrichtendienstlichen Tätigkeit HEYM's.*
Verantwortlich: Oltn. Scholz, Oltn. Köhler

1.7. *Untersuchung der an HEYM gerichteten Postsendungen aus Westberlin und der BRD auf Verwendung von GS-Mitteln.*
Verantwortlich: Major Lohr in Verbindung mit der Abt. 34 und Abt. M

1.8. *Einleitung einer kurzzeitigen Inland-Postkontrolle zu HEYM, zur weiteren Aufklärung seiner Verbindungen zu feindlich-negativen Kräften im Innern der DDR.*
Verantwortlich: Major Lohr in Verbindung mit Abt. M

1.9. *Nutzung der operativen Möglichkeiten der HA II und der HA XX/5 zur weiteren Aufklärung und Kontrolle der Verbindungen HEYM's zu den diplomatischen Vertretungen*
Großbritanniens
Frankreichs
Schwedens
Dänemarks
der USA
der Niederlande
der BRD
in der DDR sowie zu in der DDR akkreditierten und Reisekorrespondenten aus der BRD, WB und anderen nichtsozialistischen Ländern, insbesondere der Nachrichtenagentur Reuters, der »New York Times«, der BRD-Illustrierten »Stern« und des ZDF.
Verantwortlich: Major Lohr

1.10. *Überprüfungen in den Archiven der Deutschen Büche-*

rei Leipzig und des Informations- und Dokumentationszentrums zur Erarbeitung weiterer Hinweise über die Vergangenheit HEYM's mit der Zielstellung der Erweiterung des vorhandenen Persönlichkeitsbildes.
Verantwortlich: Major Lohr

1.11. Vorbereitung und Einsatz einer operativ-technischen Maßnahme B zu HEYM.
Verantwortlich: Major Lohr, Oltn. Scholz in Verbindung mit Abt. 26

1.12. Vorbereitung und Durchführung einer konspirativen Haussuchung unter Einbeziehung eines Spezialisten der Abt. 34 bei HEYM mit der Zielstellung zu prüfen, ob HEYM im Besitz von Geheimschriftmitteln ist.
Verantwortlich: Major Lohr, Oltn. Scholz in Verbindung mit Abt. 34

1.13. Einleitung einer zeitweiligen Beobachtung HEYM's in der DDR und bei Rentnerreisen nach Westberlin zur Kontrolle und Feststellung
– seines Bewegungsablaufes
– seiner Verbindungen und Kontakte, einschließlich deren Aufklärung und Dokumentierung.
Verantwortlich: Major Lohr in Verbindung mit HA VIII

2. Zur Aufklärung, Dokumentierung und Beweisführung einer staatsfeindlichen Tätigkeit HEYM's gemäß §§ 97, 98 und 100 StGB sind vorrangig die operativ bekannten Verbindungen nach Westberlin, der BRD und anderen nichtsozialistischen Ländern zu
Böll, Heinrich
Burger, Hanus
Grimm, Ingrid
Heumann, Rainer
Hopf, Andreas

Jörg, Wolfgang
Kipphardt, Heinar
Lateiner, Jacob
Meißner, Otto
Mütze, Wolfgang Andreas
Pollinger, Gerald J.
Dr. Reitschert, Gerhard
van Seggelen, Jan
Staeck, Klaus
de Vries, Theun
Walvis, Jacob
gezielt aufzuklären und zu bearbeiten.

Es ist herauszuarbeiten, ob Personen dieses Verbindungskreises als Kuriere zu und von HEYM tätig sind oder anderweitig entsprechend der Bearbeitungsrichtung feindlich in Erscheinung treten.

<u>*Verantwortlich:*</u> *Major Lohr in Verbindung mit HA XX/5*

3. *In Koordinierung mit der HA VIII ist zu prüfen, inwieweit bei Personen aus WB und der BRD zur Überprüfung erarbeiteter Verdachtsmomente und Hinweise auf eine feindliche Tätigkeit konspirative Haussuchungen durchgeführt werden können.*

   Verantwortlich: Major Lohr

4. *Die operativ bekannten Verbindungen HEYM's zu den negativ-feindlichen Kunst- und Kulturschaffenden*

Hermlin, Stephan	*erf. HA XX/7*
Kunert, Günter	*erf. HA XX/7*
Reher, Lothar	*erf. HA XX/7*
Plenzdorf, Ulrich	*erf. HA XX/7*
Hussel, Horst	*erf. BV Berlin, Abt. XX*
Becker, Jurek	*erf. BV Berlin, ABt. XX*
Schlesinger, Klaus	*erf. BV Berlin, Abt. XX*

Wegner, Bettina	erf. BV Berlin, Abt. XX
Janka, Walter	erf. BV Potsdam, Abt. XX
Schreyer, Wolfgang	erf. BV Magdeburg, Abt. XX

sind in Koordinierung mit den zuständigen Diensteinheiten ständig operativ unter Kontrolle zu halten. Den Diensteinheiten ist ein Informationsbedarf entsprechend der Bearbeitungsrichtung zu übergeben und ein ständiger Informationsfluß zu gewährleisten.

<u>Verantwortlich:</u> Major Lohr, Oltn. Scholz

5. In differenzierter Form sind ausgehend von den bisher vorliegenden operativen Hinweisen die Verbindungspersonen HEYM's mit folgender Zeilstellung operativ aufzuklären

— welche Personen sind in operativen Vorgängen mit dem Ziel der Nachweisführung einer staatsfeindlichen Tätigkeit oder der Verletzung staatsbürgerlicher Pflichten zu bearbeiten

— welche Personen sind in OPK mit dem Ziel der Entwicklung zu Vorgängen oder der Werbung als IM zu bearbeiten

— welche Personen sind für eine umgehende inoffizielle Kontaktierung mit dem Ziel einer kurzfristigen Gewinnung als IM geeignet

— welche Personen können in den operativen Differenzierungs- u. Zersetzungsprozeß einbezogen werden.

Es handelt sich dabei um folgende Personen:

Heym-Wüste, Inge	Ehefrau von Stefan Heym
<u>verantwortlich:</u>	Oltn. Scholz
Heym, Stefan	Sohn von Stefan Heym
<u>verantwortlich:</u>	Oltn. Scholz
Dr. Beltz, Walter	Verbindung zu St. Heym
<u>verantwortlich:</u>	Oltn. Köhler

Alle weiter operativ bekanntwerdenden Kontakte zu HEYM und dessen Verbindungskreis werden ergänzend in Bearbeitung genommen.
Zur Aufklärung dieser Personen sind
- *die dafür vorhandenen und geeigneten IM einzusetzen*
- *neue IM/GMS zu schaffen*
- *Speicherüberprüfungen in der HA XX, HA VII, HA VIII, HA II, HA VI, HA IX, Abt. M und PZF durchzuführen*
- *Photos und Vergleichsschriften zu beschaffen*
- *operative Handakten anzulegen und Dossiers zu fertigen*

und auf deren Grundlage konkrete Vorschläge zur weiteren Bearbeitung zu unterbreiten.
<u>*Verantwortlich:*</u> *Major Lohr, Oltn. Scholz, Oltn. Köhler*

Lohr
Major

Wie sagten doch die Engel zu den Hirten? Fürchtet euch nicht!

Erst heute, in Kenntnis dieser Bearbeitungskonzeption, wird mir klar, aus welch guten Gründen und wie sehr ich mich damals hätte fürchten sollen.

S. H.